EL JARDÍN DE LAS DELICIAS

OFÈLIA DRACS

Diez manzanitas tiene el manzano

Traducción de

Joaquim Jordà

CÍRCULO DE LECTORES

Deu pometes té el pomer,
de deu, una, de deu, una,
deu pometes té el pomer,
de deu, una van caient.

Si mireu el vent d'on ve
veureu el pomer com dansa,
si mireu el vent d'on ve
veureu com dansa el pomer. *

(Popular catalana)

* Diez manzanitas tiene el manzano, /
de diez una, de diez una, /
diez manzanitas tiene el manzano, /
de diez una, van cayendo.
Si miráis de donde viene el viento /
veréis el manzano cómo baila, /
si miráis de donde viene el viento /
veréis cómo baila el manzano.

Deu pometes té el pomer,
de deu, una, de deu, una,
deu pometes té el pomer,
de deu, una, van caient:

LA PERRA

—Oye, por cuatro mil pelas pasamos un rato, una hora, chaval, y por quince mil toda la noche. Y por mil púas más te la chupo aquí mismo, en el coche, si es que eso te excita. Ahora si quieres. Sube, que no te va a pasar nada malo... Estás como amuermado. ¿No te gusto? Hala, ven, ¿Me has visto los muslos? Un momento, que me subo la falda y te los enseño. ¿Qué te parece? Uy, ahora no puedes ocultarlo: has puesto unos ojitos de deseo que te delatan. Ven, si quieres me subo un poquito más la falda. ¿Quieres verme las bragas? No, todavía no te las enseño. Más adelante. Así seguirás en vilo. Sólo te diré que son blancas, suaves. ¿Y los pechos? ¿Has visto cómo tengo los pechos? Hala, ven, dame la mano que te dejaré tocar uno. ¿Qué te parece? ¿Has visto qué pezón tan duro? Y está así por ti... Claro que sí. ¿Te gustan mis calcetines? ¿Te gusta que lleve la falda plisada? ¿Qué edad me echas? ¡No! ¡Veinte no, animal! No, diecisiete tampoco, hombre: ¿no ves que si tuviera diecisiete no podría llevar coche? Dieciocho, sí. ¿No me has visto la piel? ¿Dónde has visto antes una piel tan suave? Mira qué carita. Como uno de aquellos querubines de yeso que cuelgan de las paredes de las iglesias. Y no me dirás que no tengo los ojos bonitos: grandes y anchos, como palomas. ¿Te gusta que te mire? ¿Y la boquita? ¿Te gusta mi boquita? ¿Te gustaría que te cogiese la polla con las manos y me la pusiese aquí, entre estos labios carnosos, y te la chupase lentamente, metiéndola y sacándola poco a poco, como si fuese un polo de fresa o de crema, como un bracito de bebé, y después me bebiese la leche de un sorbo, blanca y tibia, cuanta más mejor?... ¡Y tú tienes cara de tener cantidad! Mmmm... ¡Qué buena...! ¿Qué? ¿No te decides? Nunca me había costado tanto convencer a un cliente, y si insisto es porque me gustas y te haré cosas que no hago a nadie, cosas increíbles... ¿Por qué no subes al coche? Me da un no sé qué verte tieso como un palo junto a la puerta, sin decidirte a entrar. Sube. Mira, ahora te enseñaré las bragas... Espera... Mira: ¿te gustan? Y debajo, imagínatelo, hay un coñito estrecho, caliente y húmedo, muy húmedo, que cruje sólo de pensar que lo traspasarás con tu espada, y me la dejarás envainada, hasta el fondo. Oye, primero te cogeré la picha... ¿Estás circuncisado? ¿No? Da igual. Me gustan de todas las maneras. Debes tener una picha muy gorda. A mí me gusta lamer las pichas gordas y coloradas: pasar la lengua hasta que se corren en mis labios. Después me los lamo. O también podrías lamérmelos tú. ¿Te gustaría? Después, para compensar, yo te lamería los testículos. Mira, cogería uno y deslizaría la lengua y lo mordisquearía un poco y me lo metería en la boca y lo chuparía. Con el otro haría lo mismo... Cuando estuvieses bien cachondo, me bajaría las bragas y te ofrecería el culo, te enseñaría los dos agujeros, para que eligieses y entrases por el que más te gustase. Oye, me estás poniendo cachonda, y tú sin decidirte. ¿No serás mariquita, verdad? Qué va, no tienes pinta... ¿Sabes qué voy a hacer? Me levantaré la falda otra vez, y me pasaré la mano por debajo de la braga... Uy, qué calentito y jugoso está, y todo por tu culpa. Me meto un dedo, hasta el fondo. ¡Qué suave entra! Oh, meto dos dedos, y ahora tres. Y ahora los muevo. Los meto y los saco, ¡oh!, una y otra vez: dentro fuera dentro fuera dentro fuera dentro fuera dentro fuera ¡dentro!, y ahora les doy vueltas, y los saco, y me acaricio el clítoris... ¡Uy!... ¿Por qué me haces esperar tanto? Oye, si te decides te haré una rebaja. Cuatro mil por un polvo y quince mil por una noche, eso sí, pero en cambio la mamadita te la haré gratis. Sólo con imaginar tu pito, con todas las venas a punto de estallar, enorme como el de un caballo... ¿Crees que me cabrá en la boquita? A ver... Podría poner la boca así, en forma de corazón. ¿Qué te parece? ¿Te gusta? Uy, ahora sí que ya no lo puedes disimular. Se te marca un bultito en los pantalones. ¡Qué digo un bultito: un bultazo! Mmmmm...

¿Cómo la tienes de larga? A mí, las que son muy largas pero delgadas no me acaban de llenar. Vale que sean largas, pero me gustan bien gordas, que casi hagan daño, que me hagan sentir que estoy a punto de partirme por la mitad, que me lleguen a la garganta y asomen el capullo por la boca. Imagínate que me das un beso y recibes a la vez tu lechazo directamente en la boca... Sería una muerte dulcísima, morir ahogada por una bocanada enorme de tu semen... Oye, ¿qué, eres tímido? ¿No llevas dinero? Ah, debe ser eso. Mira, me estás poniendo a parir, de cachonda que estoy. Me parece que he manchado el asiento, de tanto flujo que me chorrea del chocho. Te hago el último precio: cinco mil pelas y pasamos toda la noche, mamadas incluidas. ¿Qué me dices? Hay que ver lo imbécil que soy: si me pongo a hacer rebajas así con demasiada frecuencia, dentro de nada me moriré de hambre. ¿Qué me dices? ¡No puedes encontrar una oferta mejor! ¿Sí? ¿Te decides? ¡Caray! ¡Parece mentira! ¡Qué difícil eres, tío! Hala, sube y cierra bien la puerta, que nos vamos. Verás qué bien nos lo pasaremos. Ahora déjame satisfacer un capricho: deja que te toque por encima del pantalón, así. Ya está. Uy, vas bien dotado por la vida, chiquillo. ¿De qué vives? ¿Estudias o trabajas? Tienes toda la pinta de trabajar en un banco o en una oficina. Yo estudio. Ya puedes verlo por la manera de vestir... Iremos a casa de una amiga, que es la que me deja el apartamento, porque yo todavía vivo con mis padres. Sabes, se me va la mirada a tu entrepierna: tengo ganas de magrearte los cojones. Ahora me doy cuenta de que te he hecho un precio demasiado bajo. Espero que si te gusta todo lo que te voy a hacer, y pienso hacerte cosas virgueras, me des una propina. ¿Alguna vez te han hecho una paja con la melena? Mira, tan pronto como lleguemos te la haré. Me lavo el pelo, bien limpio, porque ha de estar muy limpio, y me lo seco rápidamente. Entonces, te la chupo mientras tienes la polla envuelta en mis pelos, suaves, limpios, recién lavados... Y podrás correrte donde quieras: en el pelo o dentro de la boca. ¿Qué te sorprende? ¿El embrague y el freno aquí arriba? Bueno, ya hemos llegado. Ahora a aparcar. Nunca dirías cuánto me costó hacerme adaptar este coche, colocar los pedales a la altura de la mano. Y no cuesta nada acostumbrarse. Bueno, ya estamos. Pásame la muleta. ¿quieres? Sal y ayúdame a salir por este lado. ¿Cierras la puerta? Échame una mano. Mira, hay luz en el apartamento. Debe ser mi amiga. Podríamos dejarla venir a joder con nosotros. Ella sí que tiene un buen coche: un volkswagen. Y le costó muy poco adaptárselo. Podríamos decirle que viniera con nosotros. Entre las dos te la chuparíamos hasta dejarte los huevos secos. Como dos pellejos.

Nou pometes té el pomer,
de nou, una, de nou, una,
nou pometes té el pomer,
de nou, una, van caient:

CHOP-SUEY

Todo ocurrió por culpa de la Mariana. La Mariana trabaja frente a mí, a medio metro, cara a cara, en la cadena. Yo vigilo la mezcla en la caldereta de cacao y ella está en el tamiz de los grumos. Después, una vez mezclado el líquido y pasado por el tamiz para evitar grumos, pasa entubado a la planta envasadora. Trabajamos en la fábrica de Leche-cao.

La Mariana se había tomado el primer turno de vacaciones y volvía muy acalorada. Yo pasé: ahorraba para casarme con la Rita, una de las chicas del departamento de contabilidad. La Rita es una chica estupenda, dulce como la miel, como a mí me gustan. Y muy decente, que es como han de ser las mozas caseras. Pero ahora no hablaba de la Rita, sino de la Mariana, la que trabaja en la cadena, frente a mí, y me regresaba muy acalorada de sus quince días de vacaciones. Tan acalorada venía que la condenada no llevaba nada debajo de la bata azul de trabajo. Y la verdad es que yo soy de carne y hueso como todo el mundo. Y durante ocho horas al día no veía otra cosa que las delanteras llenas y turgentes de la moza tensando la tela de la bata, con los pezones marcándose cantidad, como botones, en el centro. Y, para colmo, por el calor o por lo que fuese, la tía llevaba dos ojales sin abrochar, mostrando todo el regato del tetamen. Y cuando se agachaba a pasar el rasero por el tamiz —y lo hacía dos veces por minuto—, ¡hala!, el escote abierto de par en par, y la delantera, bamboleante como si tuviera vida propia, luchando por salir a tomar el aire, derramándose encima del mundo. Y el mundo era yo. Pero hay más: desde niño he sentido una especial predilección por los sobacos; y especialmente por los sobacos sudados. Y la Mariana sudaba de los sobacos como no os podéis imaginar. Y de vez en cuando alzaba los brazos, suspirando, levantándose la melena por la parte de la nuca, mostrándome impúdicamente aquella maravilla de sobacos húmedos, con unos pelillos que asomaban por la cortísima manga de la bata. Al hacer este gesto, la chica se echaba hacia atrás, como si se desperezase —y, probablemente, aprovechaba la ocasión para desperezarse—, y entonces sí que se le marcaban los pezones en la tela de la bata, y la curva perfecta de sus generosos pechos y... Un martirio. Un martirio insoportable.

Y así uno y otro día. Y con los ojos saliéndose de las órbitas, obsesionado por aquel par de globos tersos y vibrátiles que vivían bajo mi mirada ocho horas al día. Y ella, la Mariana, como si nada, el canal al aire, la mirada ausente, el sudor empapándole la tela de los sobacos. Nadie habría sido capaz de resistirlo.

Pensé en engancharla de sopetón en los vestuarios, al plegar, y darle un buen revolcón contra su taquilla. Pero los vestuarios de las mujeres eran algo sagrado, y la muy ladina nunca era la última en salir. Yo la asediaba, esperando encontrarla sola en alguna ocasión, pero nanay del peluquín. Un día le dije:

—Espérame a la salida.

Durante unos segundos me miró a los ojos sin responder, realizando mecánicamente los gestos de su faena. Después insinuó una sonrisa y me contestó con un gesto fugaz: un corte de mangas.

Las consecuencias de todo esto las pagaba la Rita. Yo salía del currelo más disparado que un fórmula uno. Bajo los pantalones, cada tarde, el nabo irritado e insatisfecho me marcaba un paquete de padre y muy señor mío. La Rita, que siempre me esperaba en la calle, ya que el personal de la oficina salía por otra puerta, que no fuera que se rozasen con los currantes, dirigía su primera mirada de bienvenida a la protuberancia de la entrepierna. Yo disimulaba. Ella también. Y mientras caminábamos, o nos sentábamos en cualquier reservado de cualquier bar, la moza, como quien no quiere la cosa, dejaba escapar distraídamente la mano encima de mi muslo, demasiado cerca del asunto, de modo que bastaba cualquier movimiento imprevisto para que sus delicados dedos tropezaran con mi tumefacción inguinal y yo saltara como si me hubiesen apretado el interruptor del empalme. Me abalanzaba sobre mi novia. Tenía los pechos menudos, como medias naranjas, de esos que caben en el hueco de la mano. Y siempre lucía ropa interior fina, de blonda y encajes. Cada vez que nos veíamos en uno de esos reservados de escasa luz, supongo que le estropeaba alguna de esas piezas tan delicadas. Excitado por la calientapollas de la Mariana, la pechugona, tenía que desahogarme magreando las delicadas tetitas de botón eréctil de mi Rita, pobrecilla. Y ella, dócil, se dejaba hacer. Se abandonaba en el asiento, la espalda hacia atrás, los brazos a los lados, la boca entreabierta y las piernas espatarradas, respirando roncamente entre dientes, los ojos cerrados y las mejillas arreboladas. Me esforcé durante días por no pasar de los pechos. Metía la mano por el escote, hurgaba por debajo de los sujetadores —ella, sabia, apareció de repente con unos sujetadores de los que se abren a presión y por delante: a partir de aquel momento las manipulaciones eran más sustanciosas— y dale al masaje pectoral, como aquel que hace pan y ablanda la masa. La Rita, inocente como hay pocas, suspiraba y se abría más y más de piernas, como invitándome al banquete. Pero yo sabía dónde estaba la frontera infranqueable. Y no me permitía bajar del ombligo por más que la moza, en pleno magreo, me obsequiase con involuntarios pero contundentes e inequívocos golpecitos de todo tipo en la bragueta hinchada.

Pero, aunque el hombre sea fuerte, dicen que la carne es débil. Y el día menos pensado, en la oscuridad de un parque, me dije que a hacer puñetas las fronteras. Al fin y al cabo, tocar, sólo tocar, tampoco es demasiado grave. Y después de un completo e intenso masaje pectoral que nos dejó a los dos hechos unos zorros, bajé a la entrepierna. La Rita llevaba una braguitas del mismo modelo que los sujetadores: finas y suaves como el culo de una novicia. Tan pronto como toqué la goma de las bragas, la moza se retorció, hizo un gesto seco con la cintura, y, sin que yo supiera cómo, ya tenía la tanga a medio muslo. Tanteé el chumino. Estaba tan mojada, que sólo de meter los dedos en el chichi, empezó a gotear el juguito como de un grifo que no cierra. Seguro que dejamos el polvo de debajo del banco encharcado. En cualquier caso, la manipulación de la almeja debía resultarle más gratificante que el manoseo de los pechos. A los dos minutos de apretarle el gatillo y explorarle el nido del mochuelo, se puso tiesa, moviendo la cabeza a uno y otro lado, aferrándose con fuerza por encima de la ropa a la prominencia de mis pantalones, silbando extrañamente entre los labios fruncidos y se deshizo en mis manos.

—Hagámoslo. ¡Va! ¡Hagámoslo, va!

Pero yo, aunque caliente y flipado, me mantenía en mis trece:

—No, corazoncito, has de llegar virgen al matrimonio.

—Entonces casémonos ahora mismo, corre, que ya no aguanto más.

—¡Ni hablar!

De acuerdo con nuestros cálculos, todavía nos faltaban dos años de ahorro para poder casarnos.

—¡Dos años! —exclamó desmoronada. Y se calló.

Y así íbamos tirando. Al cabo de dos o tres días, la Rita me suplicó que le dejara ver el pepino. «Sólo mirar», le dije mientras me bajaba la cremallera. De todos modos, yo sabía que la chica no se conformaría con mirar. Querría tocar, besar, chupar, si le daba la oportunidad. Y así fue, que la pintan calva. Tan pronto como el chisme surgió al aire libre, se abalanzó sobre él como poseída por un ataque. Me lo agarró con ambas manos y me dio una serenata de zambomba hasta que, irritada por la danza, la bicha le escupió a la cara su veneno. Pero eso no asustó a la Rita. Quería más. Deslizó la mano por debajo y me acarició las pelotas, sopló la cabeza de la fiera dormida, la besó y la chupó hasta que la pistola se convirtió en trabuco y le amenazaba con su lacrimeante ojo ciego. Entonces la muy descarada se sentó en mis muslos, arremangándose las faldas, con una pierna a cada lado. Hasta entonces no me di cuenta de que iba sin bragas. Me costó la de Dios es Cristo sacármela de encima antes de que consumase su perverso intento. Se ofendió cantidad. Pero yo no estaba dispuesto a apearme del burro: se casaría sin estrenar el agujerito. Tocar vale, se lo permitía –y demasiado que había permitido–, pero follar, ¡de eso nada, monada!

Mientras tanto, en la fábrica de Leche-cao, la obsesión por los pechos de la Mariana me traía por el camino del calvario. La Rita no paraba de vacilar que si no se la metía por donde había que meterla haría una animalada. Y yo nanay del Paraguay porque sabía que la Rita era incapaz de hacer según qué cosas, pero yo sí que haría una animalada si no conseguía de una vez aquel par de pelotitas de carne de la Mariana que me obsesionaban.

Pero lo único que hice una mañana, llegado al tope de mi obsesión, harto de contemplar impotentemente la danza procaz de los depósitos de combustible de mi compañera de trabajo, fue tomar una decisión irrevocable: tocarlos, palparlos, machacarlos, exprimirlos, sopesarlos, sobarlos, aunque la fábrica de Leche-cao y el mundo entero se me cayesen encima. Y tracatrá: sin pensármelo dos veces, me asomé por encima de la caldera, alargué un brazo, y ñaca, aplasté la palma de la mano contra las turgencias pectorales de la Mariana. La mano fue rapidísima en cerrarse y en pellizcar con la punta de los dedos el extremo rugoso del pezón, en recorrer con la yema de los dedos la superficie abombada de uno de los pechos, en amasar con la palma abierta, apretando el botoncito central con suavidad, pero con energía. Todo eso en un instante. El siguiente lo llenaron dos fases sucesivas. La primera, un chillido agudísimo de la moza, y la segunda un armónico movimiento de ballet de la misma, que consistió en retroceder un paso, girar el torso transversalmente para liberarse de mi inesperada caricia, a la vez que imprimía a la parte superior del cuerpo un movimiento de rotación atrás-adelante suficiente para adquirir impulso y propinarme una sonora bofetada que me marcó los cinco dedos en la cara y que sonó como medio kilo de goma dos.

Y acto seguido apareció el encargado de la planta, que, aunque no levanta medio metro del suelo, en materia de palmetazos y mujeres asustadas es un experto, un pulpo en eso de meter mano y con la mejilla con callos de tantos cachetes que ha recibido de sus subordinadas subrepticiamente exploradas a traición en sus partes más recónditas. Yo esperaba de él, que, como digo, es perro viejo en eso de alargar los dátiles y recibir un soplamocos, esperaba algo más de comprensión. Pero no. Hizo como que se cabreaba, que se ponía de parte de la moza falsamente indignada, y me metió una gran bronca, además de una sanción de mil cucas y amenaza de pasar parte a los de arriba.

Mi excitación no disminuyó con eso, más bien al contrario. Se exacerbó al máximo. Me habían arrinconado a las cuerdas y sólo me quedaba una opción, un recurso, y ahí me aferré como un náufrago al madero. Y a fe que mi tranca empalmada era como un madero. La Mariana, al ver que tan pronto como el encargado se daba el piro yo me desabrochaba la bragueta de un zarpazo y me sacaba la porra enfurecida, palideció inmediatamente y retrocedió, transtornada, un par de pasos, pensando tal vez que iba a hacerle allí mismo la putada de una violación inmediata e inapelable, cruzando –incongruentemente– los brazos delante del pecho –y digo incongruentemente, ya que, de ser mi intención violarla, no tenía por qué protegerse los pechos sino la entrepierna, que era hacia donde, lógicamente, apuntaba mi carajo irritado. Pero yo no pensaba en una violación, ni mucho menos, si no en curarme de los dos males que padecía. Uno era la calentura a que me había llevado la chica. Y eso sólo era posible agarrándome el cipote con aquella fe, y, a base de unos enérgicos movimientos arriba y abajo, hacía que la cabecita encendida del canario, como aquel que juega al escondite, apareciese y desapareciese rítmicamente bajo la capuchita. Pasada la consternación inicial, recuperada del susto, la Mariana contemplaba como fascinada mis manipulaciones y la rigidez acerada de mi sable en son de guerra. Había bajado los brazos y, sin apartar la mirada de aquella trompeta muda, dejaba resbalar las manos por los costados, abajo, abajo, hasta el borde de la bata y, como si se secase las palmas sudorosas en los muslos, se los restregaba de manera automática. Y luego, las manos subieron, sin despegarse, hacia arriba, de modo que al poco rato dejaron vislumbrar, fugazmente, el vértice oscuro de las bragas negras que le cubrían el matojo. Estoy por decir que habría acabado por meterse el dedo en la cresta de la alegría, frotándola muerta de gusto, de no haber yo terminado, entre cabezadas y culadas, el ejercicio de confiesa o te estrangulo con que obsequiaba a mi jaimito. Y el hombrecillo de la entrepierna acabó por confesar. Faltaría más. Seguro que entonces la Mariana achanta la mui si le echo un tiento. Pero yo ya me había curado la obsesión, y en aquel momento me importaba mucho más la venganza que el deseo. O sea que le hice un corte de mangas mucho más ceremonioso y descomunal que el que ella me había hecho a mí, porque el que yo le hice fue sacudiendo la pija todavía tiesa sobre la caldereta de leche-cao, de forma que todo el jugo de mi deleite se mezclase con la mixtura del interior. Así cumplía mi segunda venganza, ahora en contra de la empresa que me había sancionado en la figura del encargado. Aquella remesa de leche-cao llevaría mucha más leche de la que imaginaban. Pasados unos segundos de desorientación, la Mariana se recuperó. La excitación del momento le había dejado en un estado muy poco presentable: las friegas en los muslos habían alcanzado su meta, y tenía una mano hundida en el vértice de las piernas, por encima de la tela de la braga, como intentando perforarla, mientras que la otra se había metido en el escote, abriéndolo y dejando escapar su preciosa carga. Yo me guardé el pájaro amansado en el nido, y ella reaccionó, a medio hacer, la respiración alterada, los ojos saliéndosele de las órbitas. Estábamos a salvo de miradas indiscretas, protegidos por el volumen de la máquina y por el ruido de los motores. Pero volví a prestar atención a mi trabajo, fingiendo ignorarla. Ella se recompuso el vestido, colorada como un perdigacho, abrochándose los botones del escote hasta el cuello, y sin atreverse a mirarme.

Yo creía que había ganado la batalla y que después de ese incidente no tardaría en descubrir qué tipo de tacto tenían las poderosas tetas de mi compañera de trabajo, pero estaba de lo más equivocado: la chica pidió el traslado a otra sección, y no sé qué hizo para conseguirlo, pero al día siguiente tenía frente a mí a una escoba con faldas que resultaba un auténtico remedio contra la concupiscencia.

Sin embargo, el daño estaba hecho. Quiero decir que yo ya tenía la maquinaria en marcha, y no había manera de pararla. La maquinaria era la Rita. Parece que aquello de los toques de gracia y los tientos al gatillo y las exploraciones espeleológicas a sus cavidades naturales le había gustado cantidad. Cada tarde, al salir del curro, era una tortura: «¡Venga, hagámoslo, hagámoslo!». Y yo haciéndome el Bogart. La chica utilizaba todo tipo de carantoñas para llevarme a caer en la trampa que acechaba entre piernas, y yo me escabullía dificultosamente porque el cebo era de lo más tentador.

No sé cómo, la chica había descubierto un antro donde podíamos matar las horas y las preocupaciones con relativa tranquilidad. Era una especie de pub muy discreto, con reservados, luces tenues e indirectas, que nos permitían libertades que no nos habrían permitido locales menos protegidos de las miradas de los extraños. Acabamos por ser clientes asiduos. Y alcanzamos una notable práctica en camuflar nuestras manipulaciones —evidentemente estratégicas— bajo la falda de la mesita. Y lo que sucedió sucedió en ese lugar. Una tarde llegamos especialmente excitados. En el autobús, un tipo se había arrimado disimuladamente a las nalgas de la Rita. Yo no me enteré hasta que bajamos, ya que, de haberme dado cuenta, habría armado un cristo de mil pares de cojones. Pero yo estaba en el séptimo cielo mientras el muy jeta restregaba sus atributos por las cachas de mi novia. La chica, vergonzosa, no se atrevió ni a chistar, pero el hecho la transtornó. Después, cuando empezó a largar, me cabreé y discutimos. Pero al llegar al reservado de todos los días ya habíamos hecho las paces. Y ya se sabe que lo bueno de las discusiones son las reconciliaciones. Cuatro besos, cuatro achuchones, cuatro toques mágicos y ya me tienen la mano de la Rita palpándome la bragueta. Le aticé en los dedos. En honor de la chica, debo decir que no le aticé demasiado fuerte. Ya lo he dicho antes: la carne es débil, y más débil que todas la que se hincha bajo el vientre. La chica se sorprendió un instante, pero al poco insistió. De nuevo la mano en mis debilidades. Y mi resistencia se iba fundiendo. Al fin y al cabo yo era un hombre, y el peligro no estaba en el espárrago sino en la esparraguera. Le dejé que jugase un rato, para ver si así se distraía y a la vez me calmaba un poco. Estando yo sereno, el peligro era mínimo. La Rita, que en poco tiempo se había hecho una experta increíble en eso de tocar la flauta dulce, me la sacó de la funda y comenzó a tocar un solo con una sola mano. Una mano dulce y suave, pero maligna, ya que de vez en cuando se paraba, y la vocecita amorosa de mi chavala me susurraba al oído si aquella estaca no estaría mejor brincando en el agujero de la alegría que se me ofrecía a la vuelta de la esquina, a tiro de mano.

Yo no quería ceder, y, por tanto, navegando entre el cielo y el infierno, sublevado por los jugosos tirones de la moza, llegué a pensar que tal vez convenía compensarla con un ejercicio parecido antes de perder el mundo de vista y de que ella aprovechase el momento de total indefensión en que se cae justo cuando los jugos comienzan a empujar por los canales de la satisfacción. Y ordené la avanzada de la vanguardia en forma de índice que se abrió paso entre el satén y el nylon y el tergal y las puntillas hasta el promontorio de la gruta. La tibia humedad de la madriguera estimulaba el movimiento digital. La chica, sin dejar de mover el émbolo, se repantigó sobre el sillón, suspirando profundamente, relajada, con las piernas ocultas bajo la mesa, una en Francia y otra en España, moviendo el culo con aquella cadencia acompasada del trino del amor. En aquel mismo momento se le ocurrió presentarse al camarero.

—¿Qué van a tomar los señores?

La voz extraña me precipitó de las alturas de la gloria a medio metro bajo tierra.

—¡Una leche! —se me escapó, frustrado e indignado.

Ella, en cambio, no parecía nada afectada por aquella ingerencia extraña. Seguía con la cabeza hacia atrás, sobre el respaldo, transportada a los campos elíseos de los juegos subterráneos, y aunque mi dedo, patitieso, se había detenido, ella seguía en éxtasis.

El camarero —sólo le vi enarcar una ceja— no parecía haberse inmutado en absoluto por mi exabrupto.

—¿Una leche?

—Una Leche-cao... —murmuró automáticamente la Rita, entre dos suspiros.

—¿Caliente o fría? —preguntó inalterable el camarero.

—Tibia, tibia... —respondió la nena.

El camarero se fue. Cinco minutos después regresó con la botella de Leche-cao y desapareció silenciosamente.

—Ahora sí que no volverá. Sigamos —dijo la Rita.

La chavala tenía más moral que el Alcoyano perdiendo por siete a cero y queriendo empatar en el último minuto. Seguimos: ya sabe, señor mío, no dejes para mañana lo que puedas hacer hoy.

La Rita hundió la mano bajo la falda de la mesita, cogió el artilugio desencantado y lo revigorizó en un abrir y cerrar de ojos. Yo proseguí el saludo digital en el picaporte de su puerta. La chica, ahora, murmuraba un extraño sortilegio:

–La ampollita, la ampollita... –repetía.

Su mano me llevaba, definitivamente, al punto de llegada, a la gloria salpicada y goteante en que se expulsan los humores (buenos o malos, según cómo y dónde se expulsan), y abandoné, en el delirio traqueteado de mi placer, la cresta excitada de mi novia. Ella, sin embargo, no soltó el cambio de marchas, sino que aceleró, mientras repetía el sortilegio, ahora convenientemente abreviado:

–¡Mmm pollita! ¡Mmm pollita!

Yo ni prestaba atención a las procacidades de la que había de ser mi mujer. Precisamente en aquel momento estallaba bajo su mano y humedecía la parte inferior de la mesita. Quedé desconcertado y desencajado sobre el asiento, los ojos cerrados, recuperándome lentamente.

La Rita debía haberse hecho una chapuza por su cuenta porque noté cómo su cuerpo se atiesaba a mi lado, entre resoplidos, y a continuación, después de unos cuantos tirones secos, se me desplomaba encima, como un saco.

Abrí un ojo.

Volví ligeramente la cabeza.

La Rita, con la cabeza hacia atrás, un pecho asomándole por el escote, los sujetadores arrugados bajo el pecho, la falda arremangada, las piernas abiertas, las bragas en las rodilla, tenía un bonito aspecto. Un aspecto que, sin embargo, distaba mucho, pero que mucho, del que ha de ofrecer una chica casadera y decente. Me incorporé para echarle una buena bronca, una bronca de mucho cuidado, cuando vi aquello. Horrorizado. Un jugo oscuro, marrón y espeso, le chorreaba por la entrepierna y formaba un gran charco en el suelo. En un principio temí que se le hubiera roto una tripa. Aproximé la cara y entonces descubrí el culo del botellín.

La mano virginal de la Rita seguía apretando vigorosamente el culo del envase, la Mmm pollita.

¡Marrana! Se la había envainado agujero adentro y por la parte del gollete, ¡vaciando a fuerza de constantes sacudidas el tibio jugo del Lechecao en el agujero de la alegría! ¡Marrana, marrana traidora!

¡Y ahora todo aquello de virgen al matrimonio a tomar por el culo! ¡Las primicias para la Lechecao! Como siempre, me jodió la empresa. La empresa siempre nos jode, siempre se lleva lo mejor de nosotros.

Dios nos libre de lo irremediable. Intenciones llevaba, después de aquel episodio, de abandonar a la Rita. La ilusión de mi vida, llevar al altar una moza virgen, a la mierda. Pero ella me hizo reflexionar: era como si hubiese sido yo, mi dedo más gordo, el que no tiene hueso, lo que le había roto el sello de garantía. ¿O no? Había sucedido en mi presencia, y, en cierto modo, por mi culpa. Por otra parte, la chica me gustaba. Estuve de morros una semana y le canté la caña muy seriamente. Pero al final claudiqué.

Ella pretendía que ya que el paso estaba abierto, que el mal estaba hecho, podíamos hacer, ahora sin escrúpulos, lo que no habíamos hecho de una vez. Pero en eso sí que me mostré inconmovible. A falta de otra cosa, había que preservar el valor simbólico, el rito. Nada de follar. Con pajas pasaríamos: al fin y al cabo, la zafra también es un deporte divertido.

Y ahora, con el tiempo, me viene con que está preñada. Me alarmo cantidad. Jamás de los jamases le he metido otra cosa que el dedo; aparte de la desdichada botella, no sé de ninguna otra invasión en las intimidades de la Rita. Sospecho. Sospecho lo peor. A partir del episodio de la botella, había notado extraños comportamientos por parte del personal masculino del despacho donde trabaja la Rita. Yo confiaba en ella. No hacía caso. Pero ahora me dice que está preñada. No necesito prueba más concluyente. La muy puta es infiel. Levanto el brazo igual que la estatua de Colón para indicarle dónde está la puerta y si te he visto no me acuerdo, cuando se me enciende la bombilla. Le pregunto si es capaz de jurarme que nadie, a excepción de la botella y de mi dedo, nadie más le ha explorado la selva. Y me lo jura. Respiro tranquilo. Es el destino. Puedo dar gracias a Dios. El hijo es mío. La botella intrusa llevaba mi jugo, aquel que, en desdichada ocasión, derramé, durante el trabajo, en la caldera de la mezcla. La abrazo y la beso. Nos casaremos por el sindicato, pero hemos tenido suerte. Es la providencia que nos señala con su dedo rígido. ¡Uy! ¡Ay! Quien no se consuela es porque no quiere. La Rita sigue tan pura como cuando la conocí. Y que rían cuanto quieran los de la oficina.

Vuit pometes té el pomer,
de vuit, una, de vuit, una,
vuit pometes té el pomer,
de vuit, una, van caient:

TERESITA-QUE-HACÍA-FUNCIONAR-LA-VIETNAMITA

—Espere, espere... Oh, pare un momento, o no podré seguir contándoselo todo. Mmm... Sí, póngala aquí. No se mueva... Uuu... Es demasié... Y digo *demasié,* sabiendo que si me oyese el Gabardina (ya me disculpará que le llame así, pero es que en clase todas le llamamos por el apodo...). ¿Qué? No, usted no. Decía que si el Gabardina me oyese decirlo (eso de *demasié*), me reñiría, porque no le gusta que lo diga. Dice que no quiere decir nada. (Y tal vez tiene razón, pero si no digo *demasié* ¿cómo se entenderá que una cosa es *demasié*?) En fin, a lo que iba: que como me gusta tanto la música, pues fui con dos amigos (sí, también de la academia) al concierto que daban en el pabellón del Juventud, en Badalona, en el que actuaba Frank Zappa. Fue una noche guapa, de humos de colores y de hierba buenísima, que parecía de alfombra... ¿Qué quiere decir? Hierba es mierda, no sé... Los chicos eran el Merma y el Oriol. No, no son de las Juventudes. Sí, de COU, sí. ¿El Merma? Martín. Y el Oriol es Oriol Gual, aquél tan alto. En realidad, yo fui en la moto del Merma, que tiene una cavasaqui muy chula. Allí nos encontramos con el Oriol, que había ido en coche. Yo estaba encantada, porque no pasa cada día que me dejen salir de noche, y es que en casa me habían dado permiso porque precisamente aquel día cumplía quince años, imagínese qué rabia: ¡dentro de nada, la tercera edad! Bueno, pues a lo que iba: ya llevábamos quince minutos de recital, y a mí aquella musiquita no me decía nada. (Aquí hay que decir que a mí el Zappa nunca me había llenado, y había ido porque me hacía ilusión salir con el Merma, que desde antes de las vacaciones no me dice ni ahí te pudras después de salir de clase, ni me invita a helados, ni me da besos ni me toca el culito por la calle, como antes, cuando jugábamos y nos reíamos tanto...) También estaba el Oriol (ya se lo he dicho), pero el Oriol me caía fatal, sobre todo porque un nombre como Oriol me suena a cursi (un cursi catalán, nuestro, diferente de la cursilería de un Sergio, Alejo o Sofía, claro; pero al fin y al cabo todos me suenan más falsos que un duro sevillano). Después, mira por dónde, acabó por caerme bien, cuando empezó a pagarme gintónics, mucho mejores que las cervezas y que los helados (a mí los helados me chiflan). Después del aperitivo (ya se sabe), llega el banquete: el Oriol (a quien parece que tampoco le gustaba el Zappa) empezó a lamerme la oreja, a darme besos en las mejillas, en la boca, de una manera entre tierna y agresiva (pero de un agresivo suave, porque a mí los chicos, cuando pierden la elegancia y el savuafer –como dice mamá–, me parecen carreteros). En el preciso momento en que me acariciaba la rodilla (y sólo con acariciarme una rodilla yo ya me sentía a punto de estallar, de derretirme como mantequilla: me moría de deseo, ya puede imaginárselo), vi con el rabillo del ojo un tipazo de calendario, como los que salen en el *Playgirl* que se compra mi hermana, en un quiosco de la calle Mayor de Gracia. Y yo que me lo miro y me digo a este capullo me lo tengo visto, y claro que no podía reconocerle, con la camiseta que llevaba, de satén azul celeste, sorbiendo del vaso alargado. Y sin gabardina (de ahí que tardase tanto en reconocerle: porque, claro, no era sino el Gabardina, el señor Bastardes: el profesor de Lengua de la academia, mira por dónde). Por un momento no supe qué hacer, imagínese. (¡Y deje tranquila la mano un momento!) Le susurré al Oriol que parase el carro y saludé al profe: hola, Bastardes. Y el Bastardes me hizo una gran sonrisa, mostrándome toda la dentadura, blanquísima, que es la admiración de las niñas de la academia, y me dice: hola, Teresita, y con todo eso yo estaba sorprendida cantidad (y perdone la expresión, que tampoco le gusta al Gabardina, ni a usted, supongo), porque el Gabardina tiene fama de serio, de estricto. Sólo las amigas me llaman Teresita, le dije. Ah, dijo él, y se miraba al Oriol como si le estorbase. Le mandé (al Oriol) a decirle al Merma que me iba con el Gabardina y que nos encontraríamos después. El Oriol cabreadísimo, que no es nada moderno. Al fin solitos, el Gabardina y yo nos fuimos al bar, y pagó tantos gintónics que había que contarlos con logaritmos. Le dije: estoy trompa, Gabardina. Y me dijo: no me llames Gabardina, llámame Bastardes. Y se reía. ¿Y el nombre de pila? Aquí no hay más pila que la que chorreará, respondió con un sentido que entonces tal vez se me escapaba. Pensé qué diferentes son los profesores fuera de clase... Entonces sentí un golpecito en la espalda. Eran el profesor de Mates y el de Constitución: el Pinzas y el señor Menéndez (el mismo que había enseñado FEN a mi hermana, pero que ahora se ha hecho del PSOE, quiero decir del PSC, y dice *adéu* cuando suena el timbre de acabar la clase...). Al Pinzas ya le conoce, que es de las Juventudes desde hace mucho tiempo. Por lo que parece, habían ido los tres a oír música, y que fuesen el Pinzas y el Gabardina lo entiendo, porque son jóvenes y están buenos, pero el señor Menéndez... ¿Usted se lo imagina, en un concierto del Zappa? (Mmm... Tranquilo... Que ahora viene lo mejor...) Salimos del pabellón, fuimos al párking y subimos al coche del Pinzas, un GS de un color que me costaba identificar, de oscura que estaba la noche y de todas las nubes de gintónics del mundo bailándome por la cabeza. El señor Menéndez se sentó delante, solo, y los otros dos, detrás conmigo. ¿Qué podemos hacer?, preguntó el Gabardina, y antes de que tuviese tiempo de contestar, el Pinzas propuso que fuéramos a su casa. Dije que no podía (aunque me moría de ganas de ir, que ninguna niña ha ido a casa de un profesor), porque había ido con dos chicos. ¿A ti qué te gustaría que hiciésemos, pues?, dijo el Gabardina, pasándome sonriente la mano por la espalda, y yo me moría de gusto sólo de pensar que era lo que quería que (me) hiciesen, y se me subía la sangre a la cara y me ponía coloradísima. No sé..., dije, y pensaba en todo lo que me había contado la Fina (la Fina Puiggarí, sí: de clase) de aquel día que se puso pocha y el Gabardina se ofreció a acompañarla a casa, y cuando llegó ya no estaba pocha ni nada... A todo eso, el Gabardina me acariciaba los pechos, me sacaba la blusa de sitio, y mientras me subía la falda, ya me abría las piernas. Pensé que tenía que hacer algo y estiré el brazo hasta tocarle el muslo y, subiendo poco a poco, como jugando, como pensando en otra cosa (y el Menéndez miraba), la entrepierna, que hervía y me hacía pensar en las imágenes de las películas que tienen los papás en casa y que la Fina y yo veíamos juntas cuando ellos no estaban. Imaginaba la cara de la Fina, de todas las compañeras de clase, cuando se lo contase todo (cosa que pienso hacer el lunes: ¿no? si a usted le parece mejor así...). Después le fui desabrochando todos los botones de la bragueta, metí la mano dentro y se la saqué (estése quieto: sáqueme el dedo). Así que me había quedado de espaldas al Pinzas, que muy tímidamente me acariciaba las caderas, me lamía el cuello, me chupaba la oreja, me besaba los ojos (y para hacerlo, me obligaba a girar exageradamente la cabeza), metía hasta el fondo una lengua interminable. Yo esperaba que uno de los dos me bajase las bragas, me metiese un poco el dedo, no sé: que me chupase los pezones, ahora que los pechos ya estaban a la vista entre los jirones de la blusa (y cuando digo a la vista quiero decir a la vista de cualquiera que pasase en aquel momento por el parking, y no únicamente del Menéndez, que lo único que hacía —creo y probablemente no me equivoco— era mirar). El pito del Gabardina alcanzaba la plenitud, oscilaba lentamente... Agaché la cabeza y le lamí el agujerito, y el líquido que asomaba me escocía en la garganta, y sentía todas las venas a punto de estallar, y de vez en cuando me atrevía a mordérselo un poco, o bien me lo sacaba de la boca y le daba un beso en el glande (¡oh, y estése quieto o le haré sacar el dedo!), que era colorado y brillante, más colorado incluso que el de Manolo, que es el que lo tiene más colorado de todo el Instituto Milá y Fontanals. Ahora le lamía el tronco, desde los testículos hasta la punta, y se los cogía con una mano (los testículos). ¿Te gusta, Bastardes?, le dije mirándole a los ojos, y sonriéndole, metiéndome el instrumento polifémico totalmente dentro de la boca. Gemía y me apretaba la cabeza con las manos, hasta el punto de que no podía moverla y llegué a pensar que me ahogaba, la cabeza como un aparato mecánico: adelante, atrás, adelante, atrás, adelante, atrás cogiéndome por los pelos... Mientras tanto, yo levantaba el culo, ofreciéndoselo al Pinzas, que parecía complacido de mi actuación bucal y lo único que hacía era, falda fuera y evitadas las bragas, meterme un dedo larguísimo, que me daba tanto gusto como daño me hacía, y no por el agujero más jugoso (y ahora no me baje las bragas, ¡o no podré acabar de explicárselo todo!). Cuando el Gabardina me apretó la cabeza tan a fondo, pensé que el chorro de leche me saldría por los ojos, por las orejas, por la nariz; pero no: me bajó por la garganta, agridulce como un chop-suey. Buenísima. Levanté la cabeza y con un dedo recogí una gota que se me había quedado en los labios, y me lamí dedos y labios. No me queda más remedio que confesarle que, a esas alturas de la noche, llevaba las bragas empapadas, tanto que la humedad traspasaba al asiento. Me volví hacia el Pinzas y le dije, al oído, que me desgarrase, y yo misma me bajaba las bragas y me pasaba le lengua por los labios (de la boca), que es una cosa que también suelen hacer en las películas de los papás, que veíamos la Fina y yo. Todavía no había terminado de sacármelas, y me dio de nuevo la vuelta y sentí el culo contra su estómago. Le entendí las intenciones, pero dije que no, que ya era demasiado tarde, y porfiaba por entrar por la trastienda, cosa que suponía grandes dificultades por falta de lubricación. Al final se salió con la suya, porque de tanto flujo como había derramado, mezclado con el semen, hasta el ano estaba lleno de aquello y lubricaba el arma que luchaba por entrar y que yo no podía ver (cosa que lamentaba) porque estaba de cara a la ventanilla lateral, observando la sorpresa (relativa, debo añadir) de los asistentes al festival que pasaban a recoger el coche, ya que, por lo que se veía, el recital había terminado. Me metí un dedito (métame usted otro) y me acariciaba el amiguito loco (éste, así, más abajo...). Oh, aquello me destrozaba, sentía que jamás podría volver a sentarme, que iría espatarrada para siempre... Me había cogido por las caderas y notaba el traqueteo de su estómago contra mis nalgas, cómo golpeaban los testículos contra mi vulva. Pronto, ya no supe si el dolor era superior al placer o a la inversa: perdí al sentido de las medidas y empecé a mover las nalgas en una danza circular, y notaba la presión del pito que debía llegarme muy arriba, hasta las tripas. Noté las descargas en el estómago, y sabía que exageraba... Había dejado de moverme, pero seguí acariciándome hasta que el Pinzas, una vez que el pito se le puso pequeño, lo sacó (y se oyó un blop como los tapones de las botellas de champán, por Navidad) y un chorro de leche me cayó en los muslos y en las bragas negras. El coñito, excitadísimo, vibraba, se contraía, chorreaba, igual que ahora, sí... Me parecía muy raro que me dejasen así, tan excitada. Dijeron de ir a tomar una copa al Café de la Ópera, y allí le encontramos a usted, que salía del Liceo. A mí la ópera no me gusta... Le diré que me sorprendió la poca cara de sorprendidos que pusieron el Pinzas y el Gabardina al verle. (Ay, sí múevalo así... Uuu...) De ser malpensada, diría que todo estaba montado, que le preparan las nenas al secretario general... (Eh, más abajo, aquí. Mueva los otros dedos.) Pero, si usted me lo ha jurado, he de creerle... ¿Que le tutee? Me resulta difícil a un secretario general... Yo todavía no soy de las Juventudes, pero me apuntaré. Vamos, ya está bien, desnúdese rápido. (Oh, así...) Con los profesores, aunque sean de las Juventudes, es diferente, porque con la pedagogía moderna ya se sabe... Pero usted, tú, quiero decir... No les dirá nada, no les dirás nada, eh, al Bastardes y al Pinzas... Sí, así con la lengua, sigue... *¿Eh? ¡Un momento! Abro en seguida. Espera, que se me ha estropeado la vietnamita... No, no, no decía nada. (Vete, Bobi, fuera...) En seguida te traigo las fotocopias de los candidatos. ¿El perro? Sí, me ha parecido verlo por aquí. Bobi, ¿dónde estás? Ah, sí, ven aquí...*

Set pometes té el pomer,
de set, una, de set, una,
set pometes té el pomer,
de set, una, van caient:

LOS PANTALONES

La culpa, como siempre, ha sido de la parienta, que me hizo cambiar de pantalones con la excusa de que tenía que zurcir una quemadura o, dicho en términos de matemática moderna, un conjunto de quemaduras, por la parte delantera.

Yo no había prestado atención a aquella galaxia de manchas de color marrón oscuro por el lado ancho de la pernera, a la izquierda de la bragueta, cuando me ha acusado a gritos de perdulario y de descuidado. Sin tiempo para proteger mi intimidad, me la he visto de rodillas frente a mí, con un trapo húmedo en las manos, dispuesta a borrar el supuesto recuerdo grasiento de comidas recientes.

No había posibilidad de escapatoria: con un brazo me ha rodeado el muslo por detrás y me ha pasado la mano por la entrepierna, mientras con la otra me frotaba aquel juego de lamparones en forma de osa menor. A poco de empezar el fregado, cuando ya empezaba a gustarme, porque la acción manual se producía exactamente encima de mi virilidad en reposo —yo cargo a la izquierda, como Dios manda—, ha fingido que se ponía como una fiera: frota que te frota, las manchas han desaparecido finalmente para dejar paso a otros tantos agujeros, producto todo ello de la ceniza ardiente de los cigarrillos que se cae encima en repentinos momentos de ensimismamiento.

—¡Esta bragueta parece un colador! ¡No sé cómo no te ha llegado a salir la minina por uno de estos agujeros...!

Me he sentido obligado a protestar inmediatamente, porque eran unos agujeritos de nada, y ella tiene sobradas razones para saber que mi pistola es de reglamento y que a duras penas cabe cuando la meto en la funda. Además, no puedo consentir que se me cuestione en un aspecto tan personal, del que siempre he tenido motivos para estar más que orgulloso.

Como no andaba sobrado de tiempo para que ella siguiera ocupándose de una tarea tan constructiva, y mucho menos, todavía, para los juegos que llegarían a continuación, me he sacado los pantalones ante una indicación que se ha visto obligada a hacerme a pesar suyo: estoy convencido de que en aquel momento ya empezaba a entusiasmarse sin darse cuenta de que conservaba intacta la antigua habilidad del alquimista que conoce la fórmula de interesar y endurecer un colgajo en principio indiferente y blando. Se ha metido en el dormitorio de donde ha regresado con unos pantalones flamantes, de raya perfecta, grises con un discreto dibujo de ojo de perdiz: perfectos, a primera vista, pero me ha costado dios y ayuda poderme introducir dentro de ellos:

—¡Mierda! —he dicho—. ¡No me los puedo meter ni con calzador!

La parienta ha sermoneado que eran nuevos, que los acababan de traer de la sastrería y que suerte tenía de no ir por el mundo con las vergüenzas al aire. Le he rectificado sobre la marcha en el sentido de que debía decir «las alegrías», pero ella, descarada, me ha hecho un gesto un tanto obsceno acompañado de un completo muestrario de muecas a distancia. Yo no soy persona que resista las provocaciones, y no he parado hasta atraparla y encajar su herramienta habladora en mi boca, cosa que, dicho sea de paso, me ha ido muy bien porque, con las prisas, no había tenido tiempo de lavarme los dientes. Nos hemos mirado cara a cara. De no haber sido por que el reloj manda y en la oficina nos controlan como en un campo de concentración, habríamos hecho algo sonado allí mismo, de pie o apoyándonos en las paredes, que nunca está de más introducir algún que otro exotismo para romper la triste rutina de los años, sin contar el hambre que he pasado toda la semana con la mierda de la regla: es una mujer tan escrupulosa que no me permite mojar un churro ni por delante ni por detrás, como si hubiese veda mientras le dura la cosecha roja que, por suerte, según mis cálculos, terminaba en el día de hoy.

¡Los pantalones son insoportables! Aprietan de veras. Son como una coraza que se me clava por toda la piel. ¡No sé qué coño puede haber ocurrido! Yo me los probé. Todo iba como una seda, pero el sastre de los cojones quería lucirse: que si un pespunte por aquí, que si un pliegue por allá, que si dos centímetros en los bajos... Yo sí que le daría por los bajos, ¡con tal de no soportar este suplicio! Lo peor de todo es que me altera el instrumento: ¡ojalá el muy bestia me hubiese hecho tres perneras! Pero me he sentido tan comprimido que tenía miedo de que quedara encogido para siempre. ¿Y los huevos?... Se me han subido a lo alto del escondite donde suelen refugiarse cuando las cosas van mal dadas, por el camino que siguen cuando se te ponen de corbata.

A mí siempre me ha gustado tocármela, asegurarme de que está en su sitio, a punto de servir. O para agradecerle los servicios prestados... Pero esta mañana he tenido que consolármela con más frecuencia de lo normal, por debajo de la mesa de la oficina, aprovechando que nadie podía verme. No me quería poner en evidencia, bastante me he destacado por el mero hecho de ir tan tieso. Mientras firmaba, en la entrada, he cazado al vuelo la pícara mirada de dos secretarias que no han podido ignorar la importancia del paquete que les ofrecía gratis a la vista. Claro que esto no me ha molestado, pero estaba totalmente sofocado por culpa de tanta compresión, con grave peligro, probablemente, de una estrangulación... ¡No me gustaría nada ser el primer paciente en sufrir una hernia de cipote!

He tenido que ir con mayor frecuencia de la habitual al meódromo. Cuando ha sido posible, me he encerrado en la cabina, y he sacado la morcilla a tomar el aire para que recuperase la posición que prescribe la madre naturaleza, pero uno de las veces que la casita de la mierda estaba cerrada a cal y canto con algún marrano dentro que apestaba, he tenido que conformarme con la ventilación parcial en uno de los departamentos de mingitorio. Ha habido problemas: se me ha instalado al lado aquel gilipollas que no es ni chicha ni limoná, adulador, viscoso, que cuanto te da la mano tienes que secártela inmediatamente si no quieres dejar regueros a tu paso. El hombre —al menos, tiene ese aspecto— estaba vacilón y me ha preguntado si iba de cagalera, ya que me veía entrar y salir con frecuencia del recinto. Pero, cuando ha descubierto que no me prestaba a confidencias, ha soltado un silbido desafinado y se ha puesto de puntillas para repasármela, de reojo, en toda su enorme extensión. Con eso me ha confirmado lo que dicen las malas lenguas: ¡el muy fantasma mariconea! Pero, aunque a mí los de la acera de enfrente me la traen floja y puedo jurar por lo más sagrado que me la refanfinflan, no he podido disimular en un primer momento la hinchazón que arrastro durante toda la tarde por culpa de los pantalones que imponen una severa dieta en lo que se refiere a ventilación y facilidad de movimientos.

El andoba suspiraba, enamorado. No le he mandado a hacer gárgaras, porque no quería montar un cristo. ¡Nunca sabes cómo pueden acabar estas cosas! Suponte que corre la voz de que él y yo hemos tenido un incidente en el cagadero, no te quiero ni decir los comentarios que circularían por toda la casa con versiones para todos los gustos. Por consiguiente, después de dejarla respirar a fondo dos o tres veces más, me he enfrentado de nuevo a la dificultad de introducirla en la funda, con el consiguiente nerviosismo que aumentaba por la inspección ocular del vecino del quinto. Estoy convencido de que el muy chingón se ha percatado de la cicatriz que arrastro en la minga desde tiempo inmemorial y, ante mi impaciencia por desaparecer, se ha quedado con las ganas de interrogarme al respecto.

Quien no se ha quedado con ellas, sin embargo, es la moza que unas horas después he dejado en la parada del autobús. Casi ni sé cómo la he recogido. Es nueva en la casa. Hasta ahora sólo habíamos intercambiado algún saludo distante, aunque nada frío, al menos por mi parte, porque tiene de todo en cantidad, y no se priva de exhibirlo en plan de oferta. Nos hemos tropezado a la salida, supongo, cuando caían cuatro gotas. Por aquello de quedar bien, sin segundas —¡sí, sí...!—, le he insinuado si quería que la acompañase a casa con el cochecito, y ella no se ha hecho rogar. Me he quedado algo confuso, porque he visto que era pan comido antes incluso de encender el horno. No me gustaría pecar de presuntuoso, pero mientras caminábamos hacia el aparcamiento subterráneo me ha parecido descubrir un par de sorprendidas miradas de admiración hacia la parte de mi cuerpo que destacaba más de lo habitual. Debo decir que, en esta ocasión, no me he preocupado lo más mínimo de disimular el calibre de mi artillería pesada...

Bastantes paripés ya había hecho aquella misma tarde, en la oficina, con la insípida panoli que nos han endosado como jefe de sección con la excusa de que tiene no sé cuántas carreras técnicas y prácticas, pero que no puede disimular el hambre que debe haber pasado todos estos años de andar con la cabeza metida en los libros, perdiéndose lo mejor de la vida, porque, pese a toda la represión, yo supongo que debe ser humana. ¡Qué follón cuando nos la presentaron! Los machitos de la casa, que ahora constituimos su ganado, apostamos a quién la haría caer, pero todos hemos fracasado. Y la tipa tiene juventud y formas como para montar unos grandes almacenes. Mientras firmaba los papeles que le traía, los ojos se me iban regata abajo, hacia el nacimiento de aquel don de Dios de melones que se te hace la boca agua y, de repente, por la tirandez de la entrepierna, he descubierto que se me empinaba a toda vela. He tenido que echar unos papeles al suelo para agacharme con el pretexto de recogerlos, gesto que me ha permitido recomponerme el pirilí y pedirle formalidad mientras disimulaba su volumen en progreso con una mano que apenas he podido meter, por la estrechez, en el bolsillo. La jefa, que es algo miope, lo que la obliga a arrimársete mucho cuando te mira, a la vez que te envuelve en aquel perfume azufrado que utilizan tantas medias virtudes, ha tenido que reparar por fuerza en mi turbación. Nos hemos dirigido juntos hacia los archivadores por un estrecho pasillo que nos mantenía a escasos centímetros de distancia. En un momento dado, absorto en el trabajo, he levantado ambos brazos para sacar una carpeta de los estantes. Entre eso, y que ella ha retrocedido un paso para protegerse del polvo que se desprendía, se ha producido un leve contacto entre mi pito y su nalga. Debe haber perdido el mundo de vista al comprobar la contundencia de mi hermano pequeño, porque se ha sonrojado y, al volverse precipitadamente, me ha parecido que le temblaba todo el escaparate. Con un hilito de voz me ha dicho que podía retirarme y que ella lo revisaría. De no ser mi superior, me habría sacado la mercancía por si quería revisarla allí mismo, sobre la marcha, pero no me he atrevido: habían demasiadas cosas en juego. ¡Era una operación de la que podía salir cornudo y apaleado!

Volvamos a la moza, que es a lo que iba, ésta sí que, cuando me la ha tenido en la mano, no se ha privado de preguntar con una cierta alarma qué significaba aquel callo que parece, cabalmente, una ramificación, como si fuese un dragón bicéfalo, o como si a mi tranca le naciese un ala a la mitad del trayecto, extraña característica que me convierte, probablemente, en propietario de una verga que podría llevar en los catálogos el cartelito de «ejemplar único».

Habíamos llegado, claro está, al momento en que las palabras están de más y no sentía la necesidad de hacer historia y mucho menos de adornarla. Me he limitado a la narración tradicional de los hechos: «A los cinco años, y ya bastante bien armado para tan tierna edad, me acerqué a mear por el alambrado de un gallinero para salpicar a alguna gallina, pero el gallo, celoso de los estragos que podía ocasionar en su harén la visión de un artefacto tan estridente, me arreó un picotazo que por poco me lo despunta... Una tía mía soltera, que preveía la futura cotización de un chisme que tanto prometía, se esmeró noche y día en salvarme la minina para el futuro solaz del sexo débil sin que ella, ya bastante mayor, esperase recibir ninguna satisfacción...».

La chica, boquiabierta, me la ha tratado con mayores miramientos a partir de la información, y ha aflojado el apretón y el ritmo del vaivén... Todo eso se producía en el interior del aparcamiento, después de zambullirnos los dos en el vehículo y de, como primera prueba del test, pasarle la mano por los pechos con la máxima discreción en la operación de recuperar el tiquet de un cajoncito del lado que ella ocupaba. He murmurado una frase de disculpa con el contacto aparentemente involuntario, y ella sonrió, como si fuese lo más natural del mundo, cosa que me llevó a prescindir del resto del test y a ir directamente al grano.

Es una moza como no hay dos, o como prácticamente había olvidado que existen. Joven, fresca, desenvuelta, totalmente de una pieza, quiero decir que vibra de pies a cabeza cuando percibe en algún rincón del cuerpo una sensación agradable, y mis manos, nada tacañas, le han dado ocasión de alegría continuada. Y las suyas, ¡tampoco han pasado hambre!

He puesto en marcha el motor después de dos

o tres intentos. La chica se reía, bien de mi torpeza, bien de la antigüedad del vehículo. De momento, la coña no me ha afectado. Todavía conservaba muy fresco en las palmas el contacto con aquellos pechos que cabalgaban libremente, terminados en unos pezones como a mí me gustan, y que había adivinado por la calle gracias a la mancha que dibujaban debajo de la blusa: oscuros, anchos de peana y con un pico que puede variar rápidamente de tamaño y de dureza según las emociones de cada instante... Pero la risa continuaba y el cachondeo prolongado me cabrea. Así que me disponía a soltarle un moco porque la incomodidad se agravaba por instantes: estaba más envarado que nunca por la pequeñez del espacio donde nos habíamos sentado y por la tirantez que nacía de la entrepierna y se prolongaba por toda la longitud de un vergajo que luchaba por ampliar el espacio vital, de la misma manera que una raíz que tropieza con una almohada de piedra. Me he dado un codazo en el nabo al devolver el brazo a su sitio y no he podido reprimir una expresión de lo más grosera. Ella ha dejado de reír y me ha preguntado, algo intrigada, qué me ocurría, y como a mí no me gusta mentir, le he contado en cuatro palabras lo que me pasaba desde que me había embutido a sangre y fuego en aquellos malditos pantalones... La chica —¡que así se las ponían a Fernando VII!— ha podido dirigir su mirada, sin necesidad de disimulos, a la pernera izquierda –yo he encendido la luz para facilitarle la visión– y casi ha lanzado un grito cuando ha visto las dimensiones que alcanzaba en aquellos momentos el muñeco. Ante mi imposibilidad de conducir, o de hacer cualquier cosa en tales condiciones, ha optado por la vía rápida y ha intentado devolver el clarinete a su sitio con una presión de manos. Pero los resultados han sido contraproducentes porque ella desconocía las reacciones normales de unos atributos como los míos. Ha sentido bajo sus dedos cómo la fiera enjaulada no paraba de encresparse. Y no se le ha ocurrido otra cosa que aconsejarme que me la sacase y me la cubriese con algún trapo. Como no tenía ninguno a mano, y tampoco era cuestión de utilizar para una cosa tan delicada la grasienta gamuza con que compruebo el nivel del aceite y limpio los cristales cuando no veo un elefante a tres pasos, me ha ofrecido uno de sus pañuelos: una preciosidad de pañuelo, finísimo, perfumado, transparente... Me he echado a reír como un loco y lo he aceptado mientras con grandes dificultades conseguía descorrer la cremallera. ¡Plaf! El pájaro ha salido a tomar el aire... El pañuelito, puesto encima, apenas cubría la punta del glande, igual que un poderoso tronco de árbol que luciese una ridícula y diminuta bandera blanca... Ella se ha reído conmigo y no ha podido evitar que la mano se le fuera y repasara el trombón de varas durante un buen rato en plan de reconocimiento y exploración del terreno, hasta hacerse cargo de toda su extensión... Ella misma, mientras percibía que no paraba de crecer, ha descubierto la única solución posible si queríamos salir de una vez del subterráneo sin tener que esperar unas cuantas horas, y ha comenzado a mecerlo hábilmente, utilizando ambas manos cuando ha comprobado que una no le bastaba para abarcar todo el perímetro... Ha sido entonces cuando le he contado en cuatro palabras, dichas sincopadamente dada la excelsitud del momento, la historia del intrigante callo. Mientras ha durado el ejercicio –ignoro si ha sido cosa de segundos o media hora larga– han pasado cantidad de vehículos por la rampa de enfrente, pero no les prestábamos la menor atención, entregados a esa actividad, transportados a un mundo hecho únicamente de belleza y delirio... Como sé dominarme, he retenido cuanto he podido el estallido final. Pero antes de que se me saliese por las orejas, he aflojado la válvula. Por la dirección que tomaba el pistolón en aquel instante ha ido de un tris que el impacto no rajase el parabrisas, que ha aguantado de milagro, sin poder evitar, claro está, que mi esencia se esparciese por toda su superficie. Idiota de mí, no se me ha ocurrido otra cosa que poner en marcha el limpiaparabrisas sin obtener, obviamente, el menor resultado, ya que la humedad no procedía de un diluvio exterior. Antes de que se nos cayese encima, he cogido el trapo del aceite, y al cabo de un par de minutos he conseguido ensanchar el campo visual a unas dimensiones más normales.

La moza, llena de buena voluntad, me ha ayudado a introducir la manguera en su sitio, cosa que no ha sido nada fácil, porque, pese a la manipulación a que había sido sometida, tan pronto como se ha dado cuenta de que volvíamos a enjaularla, he sentido un picor que volvía a ponérmela a tono. Le he hecho saber a la moza que ya estábamos otra vez metidos en harina, y ella, con más paciencia que un santo, me ha comunicado que, en caso necesario, no tenía el menor reparo en dedicarme otro concierto de flauta como el anterior. Con la mirada algo extraviada, y sin acabar de estar totalmente repuesto de un trabajo tan concienzudo, le he indicado que lo dejase correr. He puesto en marcha el coche, hemos salido, he pagado y hemos enfilado la calle. El airecillo que penetraba por la ventanilla nos ha reconfortado, pero en ningún momento he conseguido sentirme cómodo: la estrechez de las perneras es un obstáculo excesivo... Mientras conducía, ha cogido el trapo y, con habilidad típicamente femenina —¡es la hostia de virguera en las labores propias de su sexo!—, ha repasado la superficie del cristal hasta dejarla más limpia que una patena.

¡Pobre chica, había algo que la preocupaba! Encerrados en el aparcamiento, en aquel primer contacto, todavía con ciertas inhibiciones debidas a la escasa familiaridad que teníamos, al informarse de la procedencia del callo se ha quedado con las ganas de dedicarle un número monográfico. Le he brindado la ocasión al cabo de un rato, después de enfilar la carretera de la costa y de recuperar fuerzas tomando una copa en un bar. La encargada de los lavabos, escasamente comprensiva, nos ha frustrado el intento de tomar por asalto una de las cabinas —«señoras», decía el letrero— donde esperábamos alcanzar la tranquilidad necesaria para un reconocimiento más profundo y retenido de nuestras peculiaridades. Entonces, cuando yo ya volvía a ir tan embalado como antes, la chica me ha acompañado hasta el cochecito pegándose a la parte sensible de los pantalones, como un perro lazarillo que lleva al amo a buen puerto. Mientras yo porfiaba con el cambio de marchas, ella seguía aferrada a mi centro de gravedad. La tela de los pantalones se hinchaba hasta estallar, y el pincho, por dentro, barrenaba y hervía de excitación. Como ya había oscurecido, nos hemos metido por un bosquecillo próximo al bar y así he podido pasar a la acción, ya que hasta aquel momento había tenido que doblegarme a ceder el protagonismo a la chica y a mi mástil. Una vez que mis manos han podido soltar el volante, se han ocupado de los dos centros de atracción que la chica había despertado desde el comienzo. Pese a todo, la posición no me resultaba cómoda. Con el brazo derecho le he rodeado el cuello, y la mano se ha deslizado por el generoso escote de la blusa. Pero a mí no me gusta hacer las cosas a medias, y, de este modo, sólo podía comunicarme con el pezón derecho, ya que el que tenía más cerca quedaba al alcance de la mano izquierda, pero ésta, naturalmente, se había perdido inmediatamente en las misteriosas profundidades de un horno que se hacía grande y suave como la miel una vez que mis dedos vencieron la débil resistencia de una tela delgada como una piel de cebolla. Ella se ha percatado en seguida de mi incomodidad y, con lo voluntariosa que es y las ganas que siempre tiene de colaborar, ha cambiado de posición y casi se me ha espatarrado encima. Ha ido de un tris, mientras que corría la cremallera, que no se encornara con el puño del cambio de marchas que estorbaba cantidad. Y cuando todos los astros habían llegado a ponerse de acuerdo en converger, cuando los dedos de uno y otra habían lubricado el almirez y la mano que debían ponerse a ligar un ajoaceite de puta madre, la bestia negra del vigilante nos ha metido la linterna por los morros mientras nos amenazaba con mandarnos los perros, los guardias y todas las fuerzas represivas que se le ocurrían. Casi sin desenroscarnos, con la punta del dedo que me quedaba libre, he arrancado a toda leche y ambos hemos blasfemado como cerdos.

Si de algo no puedo vanagloriarme es de conducir como los ángeles: necesito tener ambas manos bien puestas en el volante, de modo que, cuando hemos regresado a la carretera, he debido de renunciar a seguir buscando petróleo. Ella, sin embargo, más libre de acción y sin tanta responsabilidad a cuestas, no se ha resignado y se ha inclinado sobre la antorcha que todavía ardía, totalmente desenfundada... Delicia, maravilla, éxtasis, diploma de excelencia y certificado *cum laude*. ¡Al fin los dioses me concedían, gracias a la cavidad bucal de aquella santa, la posibilidad de conocer las fascinaciones de un biberón de primera mano! Lástima que, mientras tanto, yo no pudiese hundir la nariz en la espesura de aquella selva exuberante, en la cual, con el convencimiento de que disponía de toda la eternidad, sólo me había entretenido en enrollarle un tirabuzón con los deditos.

Supongo que pondría los ojos en blanco, porque cuando las pupilas han vuelto a su sitio, corríamos como locos contra un camión que nos venía en dirección contraria, cuyo conductor no podía hacer otra cosa que esperar que mi cáscara de nuez —tripulantes incluidos— se aplastase contra el poderoso elefante. No sé de dónde he sacado un reflejo que, en el último momento, me ha permitido hacer girar el vehículo, y hemos avanzado unos metros haciendo eses antes de poder enderezarlo. Pero ni el sudor frío de haber visto la guadaña de la muerte cara a cara ha conseguido reducirme la hinchazón que me atormenta todo el día. La moza, que mientras tanto se ponía morada de plátano, ha intentado decirme algo, con la boca llena, que no he conseguido entender.

Dominada la situación, me he ido a la derecha de la carretera y he parado el cacharro en el primer sitio que he encontrado. Estimulado por la ternura con que la lengua de la chica ensalivaba el nacimiento de aquellas ramificaciones de origen tan antiguo, con el suspiro de satisfacción del difunto que resucita a la vida, me he corrido sin contemplaciones, sin pensar dónde la echaba, novato como soy en estas artes. Justo en aquel momento, la moza, como un bebé glotón que sorbe más de lo debido, ha soltado un par de chorros de vete a saber qué salsa sobre mis piernas. La vomitera nos ha serenado a ambos. Ella se ha disculpado por la viscosidad y yo no sabía qué hacer para limitar el estropicio. De común acuerdo, hemos salido del coche, nos hemos jugado la vida cruzando la carretera y, después de saltar por encima de la vía del tren, hemos llegado a la playa. Nos hemos descalzado. Su pañuelo y el mío empapados en las contaminadas aguas de nuestro mar, han pasado repetidas veces por la enorme superficie pringada. Como era negra noche, no hemos podido comprobar si, gracias a nuestros esfuerzos, el agua ha conseguido expulsar la mierda.

Nos hemos sentado un momento en la arena entre mondaduras de naranja, envases de refrescos, papeles y el rumor de las olas. La tela de los pantalones, pegada a las piernas, me transmitía la frialdad del agua del mar. He sentido escalofríos. La chica no se hacía cargo de mi estado y manifestaba deseos de proseguir la fiesta. Me he visto obligado a preguntarle si ya no le bastaba y cómo era posible que unos momentos antes hubiera sentido ascos hasta el punto de arrojar, pero me repitió lo que intentaba explicarme cuando tenía la boca llena y que yo no había conseguido entender: «¡No me has entendido!», gritaba de alegría... «¡Me has tocado la campanilla y eso me ha hecho feliz! Pero cuando has empezado a bailar el vals en el coche, te has metido más adentro... Entonces me ha ocurrido como cuando te pones dos dedos en la garganta y no he podido aguantarme... ¡Ahora ya vuelvo a estar fresca como una rosa!»

¡Hay que ver las travesuras que hemos hecho entonces, hasta que ella se ha dado cuenta de que se le hacía tarde!

A la vuelta, creo que se ha molestado porque no la acompañaba a casa. Llevaba prisa, porque aquella noche sus padres habían salido, y ella se había citado con un chico que acompañara su soledad. ¿Qué haría, sola, si él se había cansado de esperar?

El caso es que, una vez metidos de nuevo en el cochecito, con los pantalones perfectamente abrochados, y pese al desgaste y a la humedad que se me metía en el tuétano de los huesos, he notado la extraordinaria presión que la tela ejercía sobre el colgajo y cómo se animaba de nuevo. Tuve que ponerme serio para frenarla, ya que ella, que tiene una vista de lince, no habría tardado un instante en descubrirlo.

Antes de volver a casa he hecho algo que no suelo hacer: comprar el periódico, pero no con la intención de encontrar en él la marca mundial que acababa de batir, sino como la única solución que se me ocurría para ocultar a mi mujer el lamentable aspecto de unos pantalones que unas horas antes eran tan vírgenes como yo en lo que se refiere a las mamadas. No ha sido difícil pasar desapercibido porque la parienta tenía la mirada prendida en la tele. Pese a todo, me ha parecido que sus ojos intentaban perforar la capa de papel impreso para comprobar si persistían las óptimas condiciones que a primera hora de la tarde mostraba el entorno mágico de mi cola. Me he ido al dormitorio, me he sacado los pantalones, me he puesto los del pijama y he respirado tranquilo. La escopeta estaba en posición de descanso, sin ganas de pelea, dentro de aquella ropa respetable, floja, suelta. He metido los pantalones nuevos bajo la cama, del lado en que acostumbro a dormir, para tenerlos a mano más adelante.

Mi mujer y yo apenas hemos hablado mientras cenábamos. Ella, porque miraba una película de la tele, y yo porque estaba en Babia. En contra de la costumbre habitual, he sido el primero en irme a la cama con el pretexto de que me sentía espeso por culpa de una ligera migraña. Mi mujer, que tal vez se ha imaginado que iba a afilar el taladro para preparar el terreno, no ha puesto ningún obstáculo a la fuga, pero se ha dado más prisa de la acostumbrada en la cocina. Cuando ha entrado en el dormitorio, yo he fingido dormir, y de reojo he contemplado cómo se acariciaba las tetas y dejaba durante unos instantes, como extraviada, una mano sobre el pámpano del higo. Se había puesto un camisón que, en circunstancias normales, me hace subir por las paredes, pero hoy ni por ésas. Unos segundos antes me había palpado el pito por ver si era posible una nueva sinfonía, pero me lo había descubierto muy delgado, como si en el transcurso de aquella tarde hubiera perdido peso.

Ella ha suspirado, se ha metido en la cama y ha hecho más ruido del necesario para despertar a un oso polar en pleno letargo invernal. Pero yo he seguido inmutable. Me ha hundido los pechos en la espalda y yo he soltado un profundo ronquido. Ha insinuado alguna carantoña más sutil, como meterme un dedo en la oreja a la vez que deslizaba una mano por el ombligo, pero mi respuesta ha sido negativa. Le ha costado dormirse, y he seguido atentamente todo el proceso, desde las primeras y ligeras convulsiones y algún que otro gemido acompañando las suaves oscilaciones del cuerpo, hasta escuchar su respiración acompasada, que significa que todo quedaba más o menos resuelto y a punto de ser olvidado bajo el telón del sueño. Pasados unos minutos, me he levantado, he recogido los pantalones de donde los había dejado y los he llevado al lavadero. Con el menor ruido posible, he intentado inútilmente borrar a base de agua y jabón la mezcla de grasa y de bilis que la moza había derramado poco antes. Los he tendido en un hilo de plástico con la esperanza de que al día siguiente estuvieran a punto, y he vuelto a la cama... Cualquier otro día no habría podido resistir la tentación y me habría abalanzado sobre ese cuerpo archiconocido y que tanto me gusta explorar una y otra vez. Las ganas de cumplir no faltaban. Me he sacudido el lapicero varias veces, pero se ha mantenido cabizbajo, sin indicios de reactivación.

Los tres días siguientes han aportado la alarmante verificación de no experimentar el menor empinamiento. Mi mujer me mira como si no me conociese, sorprendida y decepcionada de tanta inactividad. Ante estas circunstancias, el asunto de los pantalones no trajo cola. He explicado de modo más que convincente que un compañero se había mareado y me había vaciado toda la papilla por encima y que, para evitarle molestias, había intentado borrar el recuerdo por mi cuenta, sin conseguirlo. Ella, desconcertada por mi repentina frigidez, se lo ha tragado sin comentarios. Durante los tres días he llevado los pantalones viejos recién zurcidos hasta que hoy, gracias a una nueva y excesivamente ostensible mancha, me he puesto otra vez los nuevos, recuperados ya de tanta agitación, limpios, pulidos y planchados... ¡Y hay que ver lo que son las cosas! Sólo meterme dentro de ellos, se me han despertado las ansias contenidas, los impulsos adormilados, los desazones apaciguados. Recién terminaba de vestirme y volvía al dormitorio después de peinarme y anudarme la corbata, cuando la mera visión de mi mujer, echada en la cama, despeinada, legañosa, con los ojos hinchados, que me miraban con tristeza, me ha puesto con una evidente disposición al coito que empezaba a olvidar. No me ha costado nada desnudarme de nuevo y recuperar en una sesión intensiva, trabajada a fondo, lo que le había escatimado en los últimos días.

He llegado tarde al trabajo, claro. El jefe de sección me ha puesto mala cara cuando me ha visto entrar, pero ha tenido que desviar la mirada cuando los ojos se han perdido sobre la montaña que seguía en erupción pese a la brega matutina. Entre mesa y mesa, me he restregado con dos mozas y he empezado a pensar en la posibilidad de hacerme el encontradizo, un día de ésos, al terminar, con la chavala del otro día.

A mediodía, cuando he llegado a casa, mi mujer me ha contado totalmente confusa, que nos han llamado de la sastrería para darnos toda clase de explicaciones: que los pantalones que nos mandaron hace tres días no eran los míos, que se habían confundido, que si me los hubiera puesto me habría dado cuenta inmediatamente porque, forzosamente, tenían que irme pequeños, ya que estaban hechos a la medida de otro cliente, mucho más flaco que yo, que había recibido los que me correspondían a mí y que, al probárselos, se había asustado al comprobar que le sobraba un palmo por todas partes...

Iba a ponerme inmediatamente a la defensiva, a la vez que me pasaba la mano por el desasosiego que empezaba a sentir y, mientras tanto, no se me ocurría otra cosa que decir que aquel deshonesto profesional del ramo de la tijera y la aguja se había vuelto loco, que yo nunca había tenido unos pantalones que me sentasen tan bien. Y que estaba dispuesto a jugarme la vida por defender su posesión...

Pero mi mujer se me ha adelantado y con un par de frases breves y contundentes me ha demostrado que posee una perspicacia excepcional:

—¡No te desgañites! Yo ya le he dicho que se equivoca. Y que los pantalones tendrá que pintárselos al óleo: que te sientan de maravilla, y que ya no podemos devolverlos porque los has manchado y tienen un agujerito... En una palabra: ¡que están en casa y que no estamos dispuestos a soltarlos por nada del mundo!

Unos segundos después ya habíamos olvidado al sastre impertinente y a la madre que lo parió y trepábamos por los peldaños de una alegría infinita y creadora sin llegar a sacarnos del todo la ropa ni movernos del comedor, rodando por la moqueta y esquivando, cuando podíamos, las patas de la mesa y de las sillas.

Sis pometes té el pomer,
de sis, una, de sis, una,
sis pometes té el pomer,
de sis, una, van caient:

AFRODISÍACA BANDERA

Un solo empujón reventó la puerta con gran lujo de bisagras superando el freno de la cabeza de los tornillos y el seco chasquido del pomo de la cerradura, que saltaba por entero. La cremallera de la bragueta ya estaba bajada.

—¡Manos arriba, esto es una violación!

En la calle, la tarde se derrumbaba con la mansedumbre pegajosa típica de las grandes urbes amortecidas bajo la húmeda sábana de emanaciones contaminadoras.

—¿Cuándo tuviste la última regla?

Los muslos recién bronceados temblaban junto al periódico mal doblado en las páginas del Atracador del siglo: Un hombre y dos mujeres se apoderan de 14 millones de la caja... Nerviosas miradas al reloj.

—Te aconsejo por tu bien que no grites ni chilles, si colaboras no te pasará nada malo, todo irá bien.

René Magritte, de cara a la pared, simulaba que era el mismo cuadro que pintaba, con abrigo y sombrero negros y nuca de seminarista.

—Venga, sácate toda la ropa y déjala sobre la mesa.

El extremo del cordón del teléfono ya estaba

desprendido de la pared. La revista estaba abierta por el desplegable central, una corriente de aire le hizo mover ligeramente los brazos hacia la ventana abierta de par en par.

—¡Quieta! No juegues, deja las heroicidades para las películas. Échate al suelo. No, mejor sobre la alfombra, no quiero que pienses que todos los violadores somos unos hijos de puta, no quiero actuar como si fueras la ninfómana de la Adela o la golfa de la Engracia. Sus coños son inmensos, sobre todo el de la Engracia; palacios con calefacción central, manantiales vitales, laberintos del olvido, ríos de carcajadas, embudos de la memoria, las bocas más elocuentes, los labios más sazonados, coños cósmicos capaces de autodigerirse.

Un televisor conectado subía por el patio de luces con sonidos de chistes baratos y lubricantes de uso doméstico. Cuatro franjas rojas sobre fondo amarillo componían la arrugada bandera que pretendía adornar la gran pared frontal; la combinación de colores más perfecta y afrodisíaca.

—Sé que tienes tus derechos, como también sé que yo tengo los míos, y que, aunque te parezca lo contrario, no son antagónicos. ¡Vamos, ábrete!

Su campo visual descendió al plano atmosférico.

—Un día la Engracia me llenó el pene de besos, no había manera de que pasase a más. Pero no te creas que era cosa de manía, para cubrir el expediente, porque conté más de cincuenta.

El péndulo del reloj impulsaba las siete campanadas. Unos neumáticos chirriaban en la esquina.

—Vamos, rápido, que no puedo entretenerme. ¿Cuándo llegan tus amiguitas?

Hubo una temporada en que adquirí la costumbre de soplarle el ano a la Engracia, es decir, de insuflarle aire de mis pulmones dentro del recto. Una especie de boca-a-culo. Y te digo que adquirí la costumbre porque a ella le encantaba, pues, en caso contrario, la cosa se habría limitado a un primer ensayo. Después, la hembra soltaba unas solemnes ventosidades que al principio fueron groseras, tal como salían, pero que con el tiempo alcanzaron aspectos para-artísticos, resonancias walquirianas, ecos tanhäuserianos...

Pese a todo, aquella vulva en actitud de ofrecimiento total y rodeada de abundante rebeldía capilar, estaba seca. Pero todo el cuerpo relucía, los cabellos larguísimos formaban un abanico de medusa en torno a la cabeza de ojos cerrados, boca entreabierta rodeando la blancura dental y la desconcertante sonrisa burlona, como de distanciada conformidad indiferente.

—¡No, no te sometas, ahora! Quiero un orgasmo como Dios manda. Veo que eres inteligente, la resistencia podría haber sido fatal para tu fría integridad. Y ten en cuenta que contigo no hago como con ellas, a ti no te exijo que te arrodilles delante de mí y me chupes la polla. Hay quien dice que es una actitud, una postura humillante para la mujer, pero desde que el hombre es hombre se practica. La moral siempre ha caminado al margen de la práctica y de los deseos humanos.

Los pechos, de pezón ancho y oscuro, eran firmes y erectos, pese a su evidente elasticidad, ni tan sólo temblaban ligeramente a cada embestida. Mientras tanto, el cielo seguía oscureciéndose.

—¡Así, así! Ahora, con la mano que tienes libre acaríciame la espalda, la cintura, los costados, me gusta... sí, el culo también, aquí, aquí, ¡quieta aquí! Ah, la Adela. La Adela inventó el equivalente masculino de la muñeca hinchable. Se le apretaba la mano izquierda y empalmaba. Le podías poner leche caliente. Eyaculaba apretando la frente contra la nariz del muñeco. Por ese motivo te restriega la cabeza contra la nariz con tanta frecuencia y necesita hombres de erección prolongadísima... No te pares, no...

El carajo había crecido hasta el límite de sus posibilidades y alcanzaba espasmos vibrátiles. La cabeza echada hacia atrás parecía adivinar el color del techo a través de la ceguera momentánea de los ojos en blanco. La respiración entraba en el tobogán del jadeo y los gemidos eran como de rabia contenida. Inesperadamente, otra mano hacía de cazoleta móvil debajo de los testículos.

—¡Ahora me gustas, ahora! Pese a tu mutismo, tu laxitud, tus ojos cerrados, no me engañas: también eres una experta, sólo las jóvenes veteranas del catre abren las piernas como tú lo haces, marranota. La Adela siempre va marcada; su marido, Juan, es pintor, y le pinta figuras eróticas en los pechos, en el vientre, en los muslos..., pero tiene el agujero del coño demasiado ancho, siempre está soñando que la penetran dos hombres a la vez.

La luz piloto del amplificador del tocadiscos estaba encendida y oscilaba ligeramente entre las neblinas del orgasmo, justo cuando sonaba el timbre de la puerta de la calle: dos toques cortos y uno largo.

—¡Un momento, que estoy en la ducha!

Arrancó la hoja central de la revista, la dobló cuidadosamente para que no se desprendiese ni una gota de semen, y la echó al wáter. Espero que no vuelva a atascarse.

Dos toques cortos y uno largo.

—¡Ya voy, ya voy!

Tiró de la cadena, y casi corriendo enderezó la puerta del pasillo, procurando juntarla al máximo a las bisagras de agujeros falsos, después de haber colocado el pomo en su sitio. Mientras abría se subió la cremallera.

—Hola, Adela, buenas tardes, Engracia. Adelante.

—¿Te duchas sin lavarte la cabeza?

—Siempre que venimos estás en el baño. No tenías por qué vestirte.

—Soy un maniático de la limpieza, ya lo sabéis. Pero todavía llevo las manos húmedas. Además, me gusta que me desnuden.

—¿Y estos que han asaltado el banco? Éstos sí que deben llevar las manos húmedas, éstos sí que irán bien vestidos. Catorce millones...

—¿Qué te parece si les dedicásemos nuestra orgía de hoy?

—¿Cuándo harás arreglar esta puerta? Un día se nos caerá en la cabeza.

—¡Hostia, un «Play Boy» sin la página central!

—Siempre se despegan.

—Ya, ya...

—¿No te parece que tendríamos que cambiar la bandera? Ésta ya la hemos ensuciado bastante.

—¡A cuatrocientas el metro!

—¿Sigues con el teléfono averiado? Es que antes tendría que llamar a Juan; he descubierto que, cuando sabe que vengo aquí, se hace una paja.

Cinc pometes té el pomer,
de cinc, una, de cinc, una,
cinc pometes té el pomer,
de cinc, una, van caient:

UNA PERRITA CANICHE

El marqués sacudía la ceniza del cigarrillo con la uña del dedo meñique, que dejaba crecer adrede para este cometido. Fumaba con una boquilla de marfil, que era una pata de águila real, sentado displicentemente en el sofá modernista de palisandro, fatigado de tanta vida dilapidada. Las cortinas bordadas del balconaje dejaban filtrar una luz triste y anacrónica, que prestaba el relieve exacto al antiguo mobiliario. Un mechón lacio se desprendía de su peinado perfecto y caía sobre su frente con medida indolencia. Su pelo blanquísimo y limpísimo, levemente iluminado, armonizaba perfectamente con el batín de seda japonesa de color fucsia. Una perrita faldera, con el pelo blanco muy ensortijado, completaba la noche-estampa.

El marqués contemplaba distraído todos los retratos de familia colgados de las paredes del gran salón. En aquella penumbra, apenas eran perceptibles: se los sabía *par coeur*, en especial el de la tía Natalia Stefanovich, aquella mujer tan libre y tan audaz que, a comienzos de siglo, eligió la profesión de fotógrafo, ante el escándalo general de toda la familia, y que, más adelante, les inició tanto a él como a su hermana Silvia, que Dios tenga en su gloria, en los múltiples placeres del amor precoz.

El retrato de la tía Stefanovich no era, como todos los demás, un óleo firmado, hacía honor al oficio de la repórter de la familia: era una fotografía de cuerpo entero, en la que la dama aparecía, en unos tonos grises brumosos, con un sombrero de ala ancha, un velo que le cubría la cara y un abrigo sport de piel de pantera con cuello de *renard*. Estaba sentada en el columpio de un jardín de decorado con una pierna sobre la otra y una sonrisa juvenil un tanto alocada. Durante muchos años, y por voluntad expresa del padre del marqués, una personalidad rígida e integrista, que no se recataba de decir con frecuencia que su cuñada era una desvergonzada, el retrato había sido retirado del salón.

Todo eso eran recuerdos, recuerdos muertos, para el marqués. Él la veía de manera diferente que su padre. Adoraba su memoria. La recordaba como una mujer dulce, de una furtividad ingenua que la aproximaba de manera natural al mundo adolescente de él y de su hermana. ¿Cuántos años habían transcurrido?

Los muebles de palisandro, las alfombras orientales, el jarrón de Viena en la repisa de la chimenea, todo seguía como antes de que muriesen los últimos miembros de la familia. Ahora, solitario, perdidos los antiguos amores, incapaz de crear otros nuevos, se entretenía reviviendo el pasado en el recuerdo.

La perrita caniche era adorable. Yacía a sus pies, discreta, con los ojitos llorosos tan típicos de su raza. El marqués le sonrió, buscando tal vez en ella una complicidad en su juego de evocación. La perrita le devolvió una mirada sumisa y movió ligeramente la cola, sin incorporarse.

En la próxima primavera no iría a Niza, porque Mimi Grotzinski había fallecido aquel mismo invierno en un accidente de automóvil mientras huía a Italia con un alumno del Conservatorio recién seducido. Decíase que en determinados ambientes de la *Côte d'Azur* el horrible final de aquella tempestuosa relación entre el estudiante de flauta travesera y la famosa flautista universalmente conocida causó sensación. El marqués se entristecía cuando pensaba en estas cosas. La trágica pérdida de su última amante le había abatido completamente. De todo el archivo de recuerdos, los más punzantes, tal vez por ser los más recientes, eran los de Mimi. No se sacaba de la cabeza la imagen de aquella mujer madura con un desnudo todavía perfecto interpretando a Corelli para él, sentada sobre su vientre, cobijando su falo enloquecido en el húmedo y tibio sexo, hasta llegar a un orgasmo sublime que le obligaba a interrumpir la melodía y abalanzarse finalmente sobre el cuerpo del amante, mientras se introducía en ocasiones la punta del instrumento por el ojo del culo para conseguir todavía un mayor placer. Entonces ambos prorrumpían en un gemido armonioso, que a menudo alcanzaba amplitudes corales.

Contemplaba la perrita y la acariciaba dulcemente pasándole la mano por el lomo. Aquel animalito era un regalo de Mimi, era como un recorte nostálgico de la historia común.

Ahora el marqués contemplaba el retrato de la tía Natalia. Había oído rumorear que la hallaron muerta en el frente de Verdún, durante la Gran Guerra, abrazada desnuda al cuerpo de un teniente de dragones francés. Su niñera le había confiado el secreto de que el teniente había sido degollado de un sablazo en una de las cargas de su escuadrón unas horas antes de que muriese ella. Algunos testigos habían asegurado que la dama vio caer abatido a su amante y que, una vez finalizado el asalto de la caballería, había corrido desnuda desde la trinchera a desabrochar la bragueta de su teniente para disfrutar ansiosa la erección mortal del decapitado. Un rato después, la onda explosiva de un obús le quitaba la vida, penetrada aún por el sable inmortal del militar.

Esto le condujo a una imagen más lejana, cuando de niño había entrado sin llamar en el estudio de su tía y también la había descubierto desnuda, entregada al placer solitario, tendida sobre unos grandes almohadones con borlas, haciéndose fotografías en diferentes posturas. Al principio, aquel espectáculo inimaginable le había dejado atónito, pero ella le llamó, le sacó los pantalones y le estimuló el miembro con los labios y la lengua, hasta provocarle aquel mal tan excitante y tan agotador. Después, acabó de sacarle la ropa y se lo puso encima y le besaba dulcemente todo el cuerpo, hasta que la minina se le volvió a poner erecta, y entonces la introdujo en aquel agujero que tenía entre las piernas, y le movía incansablemente hasta que le provocó de nuevo el mal. Fue en la misma habitación, donde otro día les llamó a él y a su hermanita y repitió de nuevo aquellas cosas con ambos. Estos encuentros ya no se interrumpieron hasta que el padre del marqués descubrió un día varias fotografías en las que aparecían las dos criaturas y la tía Stefanovich amontonados obscenamente. Aquel mismo día, el padre expulsó de casa a su cuñada, después de una discusión terrible, y aquel curso, él y su hermana ya no continuaron con la institutriz, pues su padre les internó en colegios extremadamente severos. A partir de entonces ya no volvió a ver a su tía, de la que sólo recibía subrepticias noticias a través de la niñera.

La perrita caniche jugueteaba con la zapatilla del marqués, hasta que consiguió sacársela. Entonces empezó a lamerle el dedo gordo del pie.

El marqués le dejaba hacer, porque le complacía aquella sensación suave.

Cuando, al fin, murió su padre, el marqués acababa de conocer a Mimi en la playa privada de unos amigos de Niza. El temperamento apasionado e incluso las facciones de aquella aristócrata de origen polaco le recordaban la imagen de la tía Natalia. Le propuso irse a Barcelona a vivir con él, pero la dama no aceptó este vínculo por excesivamente absoluto, pese a que nunca dejó de demostrarle una intensa dedicación amorosa. Pasaba, pues, algunas temporadas cada año en la villa de su amiga, sobre todo en la primavera, porque en aquella época les gustaba sumergir sus cuerpos desnudos en un agua tan fría que casi no podía aguantarse, y entraban en calor abrazados mutuamente con delirio y restregándose el uno con el otro hasta provocarse un orgasmo prolongadísimo, azotado por la frialdad de las olas.

La perrita se había levantado y lamía toda la pierna del marqués. El marqués le acariciaba la cabeza y contemplaba, sonriente, la solicitud de aquellos ojos llorosos. La caniche aullaba levemente.

Descubrió que estaba excitado y que la perrita le había metido el hociquito por debajo del batín y pretendía hurgarle la entrepierna. El marqués abrió las piernas y le dejó hacer. El animalito le lamía deseoso los cojones y eso provocó que el marqués se reclinase lánguido sobre el respaldo del sofá. La verga, totalmente enfurecida, se hinchaba debajo del batín y rozaba su tejido sedoso. La perrita intentaba llegar al miembro con la lengua, pero la ropa del batín se lo impedía. El marqués se aflojó el cinturón y se tendió sobre la tupida superficie de la alfombra. Recordaba los grandes almohadones con borlas de la tía Natalia, la recordaba a ella con aquellos senos tan esponjosos. Ahora agradecía a su padre que les hubiera separado: de este modo, sólo conservaba una imagen joven, para él Natalia Stefanovich nunca se había marchitado.

Ahora la perrita le lamía todo el cuerpo, el pliegue de las axilas, detrás de la oreja, debajo de la barbilla, volvía al pubis. Ahora le chupaba ávidamente el miembro, pero no podía dejar de hacerle daño con los dentezuelos. El animalito, también excitado, le frotaba el culo por el vientre. El marqués se derretía de placer pero no podía seguir soportando las esporádicas dentelladas. Irguió el torso lanzando un alarido, cogió a la perrita por las dos patas traseras y la penetró violentamente hasta que el terrible aullido del animalito se fundió con un jadeo moribundo.

Quatre pometes té el pomer,
de quatre, una, de quatre, una,
quatre pometes té el pomer,
de quatre, una, van caient:

EROS, ACIMUT TRES

Sra. Engracia Pallarols,
mayordoma de la RECTORÍA

Apreciada señora Engracia,

creo que usted no debe conocerme, porque con tantos monaguillos como hay en la escolanía debe resultar muy difícil conocernos a todos; yo me llamo Pascual, y mi familia y mis amigos me llaman siempre Pascualón. Pues bien, no sé si usted me conoce, quiero decir que no sé si sabe quién soy, porque somos muchos, ¿no?, esto ya lo he dicho. Pues bien, yo soy el que siempre se sienta en la tercera silla contando por la derecha, del lado del Evangelio. Esto en el oficio, porque por la mañana todavía no ayudo solo la misa de las ocho, porque no sé suficiente. Todavía no he cumplido los nueve años, y tanto mis padres como mosén Tomé me dicen siempre que no tengo por qué correr, que no hay prisas; que, de momento, ya hay suficientes monaguillos, gracias a Dios, y que no tengo por qué querer hacer demasiadas cosas (mosén Tomé me dice que no debo poner el buey antes del arado), porque hacer más cosas de las que uno puede llevar a cabo es la manera de hacerlas todas mal. ¿Me entiende, no?

Pues bien: yo soy el Pascualón del tercer asiento por la derecha, del lado del Evangelio.

El otro día me confesé con mosén Tomé; como siempre, después del oficio, que mientras nosotros —quiero decir los monaguillos— nos quitamos los ornamentos y desayunamos y jugamos un rato por el patio de la rectoría, mosén Tomé también desayuna, y después siempre nos dice: «Eh, chiquillos, ¿a quién le toca confesarse?». Y entonces los compañeros siempre te pinchan: «¡Hala, hala, ve tú!», y tú dices que no, que ya te confesaste la víspera: «Que no, que ayer mosén Tomé fue a confesar a La Serra», u otra excusa cualquiera para ver si te pillan en una mentira, y tú dices que no, que es verdad que te confesaste, y entonces te toman el pelo y te dicen: «Aunque te confesaras ayer, seguro que hoy has de volver, que seguro que te has hecho una paja». «Que no, dices, que no me he hecho ninguna.» «Pues, hala, ¡que te la haga mosén Tomé!» Porque, claro, cuando nos vamos a confesar, mosén Tomé siempre nos dice lo mismo, ¿no?, que si nos tocamos con mala intención, y que si la pureza, claro, todos los mosenes siempre dicen lo mismo a los niños, pero mientras tanto nos toca la pilila, y como él no lo hace con mala intención no es pecado, ¿no? Mosén Agripino también lo hacía siempre, pero ése, como ya era viejo y tenía las manos huesudas y nerviosas, te hacía daño, y a mí una vez llegó a hacerme sangre y todo. Pero él me dijo que aquello no era grave, que quería decir que ya me hacía un hombre, y que con un poco de saliva se curaría. Y dentro mismo del confesionario me puso un poco de saliva, y después se me curó. Me acuerdo porque, al acabar, le tuve que decir que se limpiase, que se le había quedado una gotita de sangre en la punta de la nariz. Porque mientras me curaba con la saliva jugueteaba diciendo que la punta de su nariz estaba tan colorada como mi pilila, y con la lengua me hacía cosquillas en las bolas. (Ya me entiende, ¿no?)

Pues bien, eso pasaba con mosén Agripino; pero yo le contaba que el otro día fui a confesarme con mosén Tomé. Me parece que a él debe gustarle mucho que nos vayamos a confesar después del oficio, porque como debe estar muy cansado, después de haber dicho la misa de ocho y el oficio, y los días que dice la de las cinco, y en ayunas, le va bien ir a hacer la siesta del canónigo hasta la hora del vermut, y se debe quedar como más descansado si antes nos ha confesado a alguno de nosotros. No lo sé, digo que me lo parece, ¿no?

Pues, ¿sabe qué me preguntó ese día? Va y me dice: «¿Estás en gracia?», nada más arrodillarme delante de él, entre sus rodillas. Y yo va y le digo: «¿Pero qué dice, mosén Tomé? ¿Que no nos venimos a confesar justamente para estar en gracia cuando hemos caído?». Y él va y me dice: «Ya me entiendes, bandido, y no me haces ninguna gracia. Vamos, no te hagas el tonto y dime si estás de la Engracia». «¡Qué dice, mosén Tomé!» De verdad que yo al principio ni le había entendido. Ni cuando me lo dijo más claramente, le entendí. Pensé que era una broma de las suyas. Pero en seguida me di cuenta de que el tono no era de broma. Y le dije que no. Que, lo mires como lo mires, era la verdad.

Aquel día me confesé de cualquier manera. Y mire, señora Engracia, me quedó como una preocupación, ¿sabe? Y en todo el día no me la saqué de encima. Quizá porque mosén Tomé, que debía estar enfadado, no me hizo ninguna paja. Entonces yo, después de confesarme, en lugar de quedarme con los compañeros a jugar en el patio de la rectoría, me fui a casa. Y una vez en casa, venga a darle vueltas en la cabeza a todo lo que me había dicho mosén Tomé, y cada vez lo entendía menos. No sabía si me hablaba de usted, pues yo no conozco a ninguna persona ni a ninguna niña que se llame Engracia. Por lo tanto pensé que debía hablar de usted, ¿no? Y yo, cavila que te cavila, no me aclaraba. «Claro, pensaba, si te ha preguntado si estás de la Engracia, quiere decir que si somos como novios, ¿no?» Y él ya sabe que eso no es verdad. Así que, entonces, ¿qué diablos quería decir? Y no resolvía el problema. «¡Fíjate tú, pensé, si fuésemos novios con la señora Engracia!»

Y, claro, al pensar todas estas cosas, recordé, también, lo que a veces los compañeros cuentan de usted. Uno de ellos, el Cintito de la Burxa, que es el que casi siempre hace de monaguillo cuando hay una boda, porque dice que le gusta ver a las chicas con el traje de novia, y que en el oficio se sienta a mi lado, en la segunda silla contando por la derecha, de las del lado del Evangelio, pues el Cintito me contó, mientras mosén Tomé decía el sermón, que a veces él y el Pepe Terrosa espían la rectoría para ver qué hacen usted y mosén Tomé. Y como el Cintito siempre se fija mucho en cómo lo hacen los perros y los caballos para tirarse las hembras, y siempre va a ver cómo llevan las vacas al toro y todas estas cosas, pues, claro, me quería hacer creer que usted y mosén Tomé, pues que es lo mismo. Pero, claro, yo no me lo creí.

Pero, aunque no me lo creyese, como que después, como le decía, después de haberme confesado con mosén Tomé, estaba en casa, y pensando en todas estas cosas, y acordándome de usted y de lo que me había dicho mosén Tomé, pues he aquí que de repente noté que la picha se me levantaba como cuando mosén Tomé me hace una paja. Aquello que sólo de notar sus dedos que se me pasean por la barriga, mientras te pregunta: «¿Cuánto tiempo hace que no te has confesado?», y te hace cosquillas por el ombligo, y después te toca la bragueta, y palpa un poquito, como desorientado, quizá para ver si llevo cremallera o botones, antes de que me desabroche y empiece a tocarme la picha, ya me la siento más derecha que una panocha, pues pensando todas estas cosas mezcladas, la ocurrencia de mosén Tomé mientras me confesaba, y las cosas que me contaba el Cintito, y vaya, todo junto, y lo que yo pensaba, que sí, que me puse que ya no me aguantaba, señora Engracia. ¡Y cómo me acordaba de usted! Y, ¿sabe qué?, pues que entonces llegué a pensar, ¡fíjese bien!, que me habría gustado que usted me hiciese una paja, y perdone, en lugar de mosén Tomé.

Y la cosa, claro, no terminó aquí, ¿no? Usted ya se lo debe imaginar, que ya es mayorcita. Pero lo que usted no sabe es todo lo que llegué a imaginar: ¡qué cosas se me ocurrían!

Pues me fui a la bodega, que es donde guardamos los melones y las sandías, y demás cosas de la cosecha. Entro, a oscuras, porque no quise encender la luz, no porque me diese vergüenza, no; no sé por qué lo hice así. Me sentía la picha como si la tuviese a punto de reventar. Y yo,

¡mire!, que no me la sacaba a usted de la cabeza, y venga a darle vueltas a la tontería de que usted me hiciese una paja, en lugar de mosén Tomé. El caso es que, mitad queriendo, mitad sin querer, me tropiezo con uno de los primeros melones, o quizás era una sandía, y caí encima de todo el montón. Sentí cómo crujían debajo de mí. No sé si con la picha, de lo derecha que la tenía, agujereé alguno. Quizá se había reventado. El caso es que me noté la picha llena de jugo de la pulpa carnosa de un melón o de una sandía, y entonces sí que realmente pensé en usted: «¡Si la señora Engracia te hiciese una paja!». Y notaba bajo la barriga todo aquel montón de melones y de sandías, medio reventados, y con las manos acariciaba dos sandías grandes y redondas como sus pechos, señora Engracia, que son tan grandes, y yo venga pensar: «¡Si la señora Engracia te hiciese una paja!», y ya casi la sentía cuando parecía que la picha quería atravesar de punta a punta el melón o la sandía donde se había ido a clavar. Y, de veras, señora Engracia, las manos no se me estaban quietas apretando aquellas sandías como sus pechos, y me parecía palpar sus puntas —y perdone, que nunca se las he visto— e incluso me parecía notar la humedad de su sudor, y el olor. Y yo que no podía estarme quieto, y me sentía mejor que cuando mosén Tomé me hace una paja, como si me la hiciese usted, ¡vaya!, ¡de tantas ganas que tenía! Y sentía la frescura de la bodega, que era como la del confesionario de la misa, pero me gustaba más, porque me recordaba a usted, señora Engracia. Y las sandías y los melones aplastados bajo mi barriga comenzaron a soltar pulpa y jugo, y yo me notaba totalmente empapado, de fruta, y de usted, y de sudor, y de qué sé yo qué, y metía la mano en el melón o la sandía donde tenía clavada la picha, y me imaginaba que después de tocarle los pechos a usted le tocaba el culo y la entrepierna, jugosa, que me comenzaba a parecer algo tibia, y yo venga a desear que usted me hiciese una paja, y las manos se me llenaron de carne de sandía, y de melón, ¡y de Engracia!, y me las lamí tanto, pensando en usted, señora Engracia, y sus pechos, y que metía las manos dentro, y que se me mojaban, y que después volvía a meterlas en la entrepierna, allí donde el Cintito me cuenta que le ha visto a veces que tiene una mata negra que da gusto verla, y yo metiendo la mano allí, y sintiéndola mojada de usted, señora Engracia, y deseando que me hiciese una paja, y entonces me ocurrió aquello: igual que en el confesionario, que a veces mancho la sotana de mosén Tomé de un líquido blancucho y caliente; usted ya debe haber visto cómo lleva siempre las sotanas mosén Tomé.

Pues allí, en la bodega, lo mismo; de tanto revolcarme sobre las sandías y los melones y de tanto pensar que me gustaría que usted me hiciese una paja, va y dejo salir de repente dentro de una sandía el jugo blancucho que otras veces lanzo a la sotana de mosén Tomé.

No sé si lo que voy a decir está bien o mal. Pero si usted me hiciese la paja como nos las hace mosén Tomé, seguramente no sería pecado, ¿no? ¿Me la querrá hacer un día?

Piénselo, señora Engracia: soy el del tercer asiento contando por la derecha, del lado del Evangelio.

Pascualón

P. S. Eso de que revolcándome panza abajo sobre los melones y las sandías me entrasen ganas de que usted me hiciese una paja, ¿no será de esos pecados que mosén Tomé llama contra natura? No me atrevo a preguntárselo a él...

Tres pometes té el pomer,
de tres, una, de tres, una,
tres pomes té el pomer,
de tres, una, van caient:

EL MATASUEGRAS

Félix había probado todos los aparatos electrodomésticos de la cocina a fin de gozar de una erección tal y como ordenan los cánones, una vez rechazada definitivamente la ducha de teléfono que ofrecía, era indudable, abundantes cualidades afrodisíacas con sus chorritos táctiles si llegabas a conseguir la temperatura adecuada entre el agua fría y la caliente. Desgraciadamente, el calentador de gas no era de fiar, y tan pronto se le escaldaba y el pelo le caía, cual pájaro durante la muda, como le pillaba un resfriado y no había forma de descapullarla —totalmente encogida—, ni daba la medida universal cuando tenía que utilizarla.

Félix estaba preocupado, desde que, mitad en broma, mitad en serio, un psiquiatra le había arrancado del subconsciente que todo procedía de la primera vez que visitó un prostíbulo e intentó conocer mujer y salió de él virgen e inmaculado, porque precisamente se le había reventado una venilla de la minina y la meretriz le negó la entrada por donde no hace falta salvoconducto ni carnet de identidad, a la vez que le decía:

—¡Lo que necesitas, chiquillo, son unas nalgas rellenas de mierda!

Félix era jovencito, y no lo entendió en profundidad. Pero era indudable que su cerebro lo había asimilado y digerido a su manera. Ahora pagaba las consecuencias. Vivía en un ático muy soleado y abierto a los cuatro vientos. No había planta que resistiera las inclemencias climatológicas. Y si bien es cierto que consiguió que un par de ellas creciesen, cuando llegaron a disfrutar de un tallo de palmo y medio, se comportaban como la suya. Bastaba que un día se olvidase de regarlas para que se les doblase el cuello y se marchitasen. Rechazó el cultivo. Fue cuando olvidó la ducha, a raíz del abandono de la regadera.

Félix vivía desesperado. Se sentía como un tendero que no consigue colocar la mercancía y la ve mustiarse en los estantes. O como un campanero de aldea al que se le ha roto la soga que agita el badajo y ha de esperar a que el viento mueva la campana. ¡De qué le servía a Félix que, al pesear por la calle, adivinara bajo una blusa dos magníficas oportunidades para desentumecer las manos, con la consiguiente interrelación de la hipófisis que elevaba su nariz intermuslar, si no podía dejarla en libertad para que levantase la caza entre los matorrales de tomillo!

Cuando llegaba a casa se enfadaba consigo mismo, cogía un libro bien grueso, lo abría por la mitad y, colocando el tallo en el surco, lo cerraba de golpe. La reconciliación acudía sin tardar. Hervía unas sopas de tomillo, y lo ponía a remojo; o cogía algodón y le preparaba una cuna. Y ante la imposibilidad de besárselo, le acercaba un espejo en la angulación adecuada para recoger la imagen de su boca y con esta demostración de afecto hacían las paces.

Estaba claro que Félix pensaba que donde debía demostrar su virilidad no era en casa, sino enfrentándose a una mujer. Lo pensaba, y basta. Tenía pánico al ridículo. Le habría gustado que en las revisiones médicas anuales a que les sometía la empresa donde trabajaba, hubiese una prueba de virilidad. Lo pensaba cada vez que le hacían soplar por el tubo de un espirómetro para saber la capacidad de aire de sus pulmones; cosa razonable en el caso de que su pasatiempo fuera tocar la trompeta. Pero no. Y en casa estaba harto de experimentar los *sprays* de crema, las lociones *after-shave*, las diferentes colonias silvestres y los ungüentos de silicona para las manos y los que se vendían para los sabañones, por la similitud cilíndrica a que estaban destinados.

Cuando abandonó, como decíamos al principio, el cuarto de baño para invadir la cocina, esperó encontrar en los numerosos aparatos caseros la solución a su mal crónico de acordeón encogido. En cierta ocasión probó la tostadora de pan. Para incitar su imaginación le recubrió la boca con dos filetes de carne magra. Como que era excesivamente rojiza, cubrió la bombilla del techo con un trapo azul. La carne adquirió, entonces, el tono rojo azulado que recordaba haber visto en aquella mujer del prostíbulo, por la que tantos caballeros celebran torneos. Pero todavía no resultaba suficientemente excitante. La imaginación de Félix no pecaba de brillantez. Igual que el coñac en invierno, tenía que calentarla si quería extraerle todo su aroma. Así que buscó los bigotes rojizos de la mazorca —que conservaba para las ocasiones en que le costaba vaciar la vejiga— y revistió con ellos la carne. Conectó el hilo eléctrico a la fuente de energía, y cuando su dedo índice le dijo que el tostador ya estaba caliente introdujo el miembro. Éste comenzó a calentarse y a ponerse túrgido, y, adoptando una dimensión poco habitual, se alargó y se dilató hasta que chocó con la resistencia incandescente... El pobre Félix soltó un grito escalofriante y con la morcilla medio socarrada se alivió el dolor sumergiéndola inmediatamente en un plato de alubias que había preparado para la cena. Félix había conseguido un hermoso y realista bodegón, pero nada más.

Decidido a todo, y observando que la fécula de las alubias había operado efectos insospechados en su princesa durmiente, cogió una fuente y echó en ella un par de yemas de huevo, un chorro de aceite y comenzó a emulsionarlo con la batidora. Cuando observó que se ponía pastoso, abrevó con sumo cuidado el miembro en la fuente, de modo que las olas que levantaba la batidora le producían unas caricias enternecedoras y enervantes. Poco a poco, comprobó que la minga adquiría consistencia, y en el preciso momento en que las corvas desfallecían y todo su cuerpo temblaba, al cabo de unas convulsiones que le hacían perder el mundo de vista, descubrió asustado, cuando se serenó, que no sólo había hecho mayonesa sino, al mismo tiempo, bechamel.

Félix se duchó, y una vez seco se echó en la cama. Y no tardó en llegar a una conclusión. No podía ir de putas con la batidora bajo el brazo y un hatillo con un par de huevos y una botellita de aceite. ¡Era absurdo! ¡Qué mujer sería capaz de derretirse como un higo maduro al ver los utensilios de que se servía para emular al jardinero de la ecologista inglesa! Félix tomó una determinación. Como era evidente que no servía para hombre, que tampoco podía utilizar su falta de virilidad para someterse a una disciplina monacal, ni tenía, por otra parte, vocación de travestí, haría lo que un hombre puede hacer: ¡suicidarse! Sin encomendarse a dios ni al diablo, abrió el cajón de la mesita de noche donde conservaba unos somníferos. Pero, junto a ellos, también había un matasuegras, y también lo cogió. Una vez ingeridas las pastillas, se pondría el juguete en la boca para que dedujesen que se había suicidado riéndose de todo el mundo. Ni muerto podía soportar que la gente le tuviese compasión. Puso las dos almohadas bajo los riñones, se recostó en la cabecera y cogió un puñado de pastillas. Pero antes se le ocurrió una idea. Tenía que comprobar el funcionamiento del matasuegras. Los empleados del juzgado son tan pillos que, si no funcionaba, deducirían de ello consecuencias negativas. Y derrumbarían todos sus preparativos para despistar al mundo en menos tiempo del necesario para cerrar un paraguas. Y en tal caso, igual acusaban a la pobre mujer que acudía a limpiarle el apartamento una vez al mes.

Se trataba de un matasuegras de los de antes de la guerra. Nada sofisticado, con añadidos de material plástico. Hasta la boquilla por donde se soplaba era de cartón, y ni que decir tiene la lengua que se desenrollaba, construida con papel sedoso y consistente a la vez, y con un nervio de acero a lo largo que la enroscaba de nuevo. La punta terminaba en tres magníficas plumas suaves y tibias; dos de ellas simulaban el bigote, y la tercera, como la lengua de una serpiente, representaba la perilla. Una pieza de museo.

Con el matasuegras en las manos, Félix se sintió idiota. Pero modificó, en beneficio propio, la primera apreciación, y se consideró básicamente infantil. Era una conclusión más consecuente con la explicación que le había dado el psiquiatra. Félix soltó una carcajada y sublimó su hallazgo conceptual soplando incansablemente por la boquilla del matasuegras. Reía con tanta intensidad que comenzó a doblarse sobre el vientre, y en determinado momento las plumas del matasuegras azotaron suavemente las mejillas rosadas de su miembro desfallecido. El choque fue como un disparo y una corriente eléctrica que abría senderos por la horquilla de su cuerpo. Fue como una bocanada cálida de un viento surgido del fuego que reavivó la sangre de su cuerpo y despertó en las entrañas una bestia dormida, amordazada por un prolongado letargo invernal. Sintió como un estallido en su cabeza, y que un deseo intenso nacía en su ser. Dejó de reír y de moverse y descubrió que la visión y unas imágenes nuevas que merodeaban por su cabeza le bastaban para mantener la erección hasta un punto en que el placer y el dolor emprendían una disputada carrera. Presintió que unos dedos jugaban con sus párpados como si fuesen pétalos de rosa y que un dulce sopor jamás sentido le transportaba a un reino maravilloso donde prevalecían los sentidos.

Cuando abrió los ojos y descubrió a su lado una muchacha en la flor de la primavera y como la cosa más natural del mundo la desnudó en un santiamén y ejerció sobre ella el derecho de macho ancestral, como debió suceder en el albor de todos los tiempos, lo encontró tan natural como el despertar del sol en un día cualquiera.

La chica, sin embargo, cuando se sintió manoseada y embestida por mil toros y que no quedaba un pedacito de su cuerpo que no hubiera sido besado, se apartó de Félix a la vez que se quejaba:

—Mi madre me dijo que viniese a limpiar el piso, ¡sólo el piso!

Félix bajó los ojos y su mirada tropezó con el matasuegras aplastado sobre la alfombra. Respiró profundamente y le dijo:

—Bien, bien. Empieza, pues, por llevarte el matasuegras: ¡ya no lo necesito!

Dues pometes té el pomer,
de dues, una, de dues, una,
dues pometes té el pomer,
de dues, una, van caient:

CREPUSCULAR

I

Tardó unos días en darse cuenta de que coincidían por la mañana en el autobús. La primera vez que tuvo plena conciencia de ello se sentó a su espalda y contempló a placer su nuca. Repitió la operación dos o tres veces más hasta que se la supo de memoria. Inconscientemente iba elaborando un plan de ataque, del que ni sospechaba adónde podía llevarle. El día en que decidió proseguir la persecución más allá del autobús, olvidó la nuca durante el viaje, ocupado en lucubraciones sobre lo que iba a ocurrir y que, en realidad, no fue nada excepcional.

Muy pronto empezó a descubrir mucho mayor placer en esta persecución matutina que en la contemplación pasiva de la nuca. Imperceptiblemente fue prolongando estos minutos de búsqueda matutina y llegaba a seguirla durante dos o tres manzanas hasta el día en que, por una parte, supo adónde iba, y por otra, llegó tarde a la oficina. Pero el caso era que no podía ni quería prescindir de ello. Consciente de que era la única hora en que podía encontrarla, tomó la decisión de llegar tarde cada día hasta el punto de verse obligado a buscar una excusa para salir del paso. La verdad es que ya nada le importaba desde que había encontrado una razón de ser a su malestar.

Como por este lado ya no podía ir más lejos, intentó ampliar el contacto furtivo por otro, y le llevó una semana llegar a la evidencia de que vivía precisamente delante de su casa, y de que había sido por cuestión de segundos que nunca hubieran llegado a encontrarse antes de la parada del autobús. Meditó acerca de los caprichos del azar y se recriminó por no haber cuidado más la relación con los vecinos. Llegó a la conclusión de que debía ser muy hogareña, y que por ese motivo se la veía poco fuera de casa.

Un día en que se sintió con fuerzas suficientes, compró una libreta y empezó a exponer en ella sus angustias. Hablaba de ella, le inventaba nombres, la describía lo mejor que podía y enfatizaba cada uno de los rasgos que de ella le enamoraban. El incentivo del secreto —jamás habría permitido que alguien llegase a sospechar que escribía— le mantenía en constante tensión en las horas de escritura, sueño y suspiro, al acecho del más insignificante rumor sospechoso dentro de la casa para cerrar apresuradamente la libreta y despistar.

Una noche en que se hallaba decididamente arrebatado por su posible voz armoniosa, precisamente cuando le explicaba a la libreta que había vuelto a aparecérsele en sueños y que esta vez le había hablado, se le terminó la tinta. Desanimado, miró a su alrededor y sólo encontró un bolígrafo de color verde. Lo contempló con disgusto porque los bolígrafos de color siempre le habían parecido poco serios, pero no tenía otra alternativa. Cuando llevaba una barbaridad de líneas escritas en verde le pareció estar escribiendo sobre la hierba, y la imagen le agradó. Mientras se metía en cama, decidió que no abandonaría el color verde porque, al fin y al cabo, el verde es el color de la esperanza, y los símbolos son los símbolos. Al día siguiente, se sintió realmente ridículo con el problema de los colores, pero siguió escribiendo con tinta verde, porque tampoco había pensado en comprar otro bolígrafo.

Con todas estas cosas, su amor hacia ella crecía, y empezaba a calcular las posibilidades de descubrir en qué piso vivía. Sin embargo, no se atrevía a pedir información a la portera, porque el chismorreo popular le atemorizaba más que una tormenta en pleno campo. Cuando la abandonaba a su suerte por la mañana, seguía sintiendo la garganta reseca por el condenado orden de su vida que le impedía hacer su voluntad. El se habría pasado el día siguiéndola, persiguiéndola, examinándola, acercándosele, contemplándola, sin importunarla jamás. Siempre que la acompañaba al autobús tenía la sensación de que la protegía, y en cierto modo esto le llenaba de felicidad.

A estas alturas reconocía formalmente que estaba obsesionado por ella. Todo le llevaba a su recuerdo. Y lo que más predominaba, lo que más le deslumbraba, era el suave contraste entre la piel morena de las piernas y los calcetines blancos. Por esta razón, la reñía mentalmente por las contadas veces en que los llevaba de color. No todo consistía, sin embargo, en los calcetines: el cesto, aquel cestito que tanto le apetecía, que llevaba colgado con indolencia. ¡La de veces que se imaginaba todos y cada uno de los objetos que debía contener! Y la manera de coger los libros: casi siempre los abrazaba delante del pecho. ¡Cuántas noches soñó en convertirse en un libro para ir mecido a su ritmo! Cuando derivaba por estos derroteros, la sombra de la posibilidad de estar haciendo un disparate le importunaba ligeramente. Pero le sobraba euforia como para sacudírsela de encima con variados argumentos.

Había decidido no entrar en pormenores de tipo literario acerca de la textura y la hipotética suavidad de su cabellera rubia; le asustaba caer en un terreno demasiado trillado; por dicho motivo, cuando le venía a la imaginación aquella maravilla de cabellos, abandonaba el bolígrafo, si se hallaba en un momento de expansión literaria, se acodaba en la mesa, con las manos bajo la barbilla, y dejaba que el sueño le invadiese. Eran unos momentos muy agradables.

Un día, cuando llegó a la parada, a buena hora, se llevó un ligero sobresalto, porque no la encontró. Llegó su autobús y decidió dejarlo pasar; consultó el reloj por rutina y comprobó que aún podía esperar unos pocos minutos. Pasaron un par de autobuses de otras líneas, y la parada se iba vaciando y llenando con la precisión acostumbrada en una gran ciudad a la hora de ir al trabajo. Llegó otro autobús de su línea, y con notable esfuerzo y a cambio de un ligero peso en la boca del estómago, también lo dejó pasar. Paseaba angustiado pensando qué desgracia le había entretenido, y era incapaz de formular ninguna hipótesis, porque se daba cuenta de que, al margen de los minutos del autobús, no sabía nada de su vida. Pasaron cinco minutos eternos, y estaba decidido a desandar el camino de casa para comprobar que no la habían atropellado, cuando su corazón se ensanchó. Llegaba corriendo, con la cabellera al viento, y las piernecitas marcando un ritmo rápido. No pudo evitar una sonrisa de satisfacción. Rápidamente se hizo cargo de la situación. En aquel preciso momento llegaba su autobús; fingió que acababa de llegar a la parada, también con prisas, y se situó detrás de ella. Subieron. Ella rebuscaba preocupada en el cesto, levantaba la cabeza con expresión de contrariedad, y sus miradas se encontraron. Con una rapidez de reflejos admirable, adivinó el problema y decidió jugar fuerte. La voz le salía algo temblorosa, pero hizo cuanto pudo: «¿Has olvidado el dinero?». Ella asintió con la cabeza, e inició el gesto de apearse. Con un considerable dominio de la situación, le cerró el paso cortésmente, mientras le indicaba que no se moviese: «No te preocupes, te lo pago yo». Estaba radiante, porque las cosas marchaban magníficamente. Pagó, y ambos se adentraron en el autobús. Ella se vio obligada a darle las gracias y llegó a añadir cómo podía devolvérselo. Él soltó la risa, «faltaría más, ni lo menciones, no tiene importancia»; y encima la obligó a quedarse con unos durillos más para el viaje de vuelta. Charlaron de cosas insustanciales, y, cuando llegaron a su parada, esbozó un estudiadísimo gesto de sorpresa: «Caramba, qué casualidad; yo también bajo aquí». Quiso ayudarla, pero ella fue más ágil. Empezaron a caminar, a un paso bastante vivo. «Hay que ver, llevamos el mismo camino.» Cuando llegaban a la vista del colegio, ella le dijo con gran gentileza que echaba a correr porque se le había hecho muy tarde, y que mañana sin falta, si se veían de nuevo, le devolvería el dinero. Él rió de nuevo, considerándolo una tontería, y le dijo «déjalo, déjalo, no te preocupes». Sin excesivo disimulo, contempló inmóvil cómo corría; ella se giró una vez más, y le gritó «¡gracias!», mientras le sonreía. Aguardó a que la puerta del colegio se la tragase; aquel «¡gracias!» seguía resonando en sus oídos. Empezó a caminar pausadamente, ensimismado, con una sonrisa idiota en los labios. De repente, volvió a la realidad y miró el reloj: «¡Caray!». Aquél fue el primer día en que los comentarios sobre el deterioro de su puntualidad empezaron a ser más consistentes. Debía buscar una excusa y, de ser posible, permanente, porque no era el momento de tener disgustos.

De noche, en casa, a solas con sus recuerdos, anotó meticulosamente la magna aventura en la libreta. No olvidó ningún detalle. Dedicó unas cuantas líneas a explicar que, en efecto, su voz era tan armoniosa como la había imaginado; más armoniosa incluso, escribía alborozado.

Al día siguiente, se vieron de nuevo; ella se empeñaba en devolverle el dinero. Eso le dio la oportunidad de hacerle hablar. Con mayor facilidad de la que suponía, la convenció de que cada vez que se encontrasen él le pagaría el autobús y así podría guardarse el dinero para ella; para sus cosas. A ella le divirtió eso de compartir un secreto con un desconocido –porque era evidente que en su casa no tenían por qué enterarse de nada– y aceptó inmediatamente.

Durante tres o cuatro días la relación se mantuvo con estas perspectivas. Se produjo algún progreso: ya sabía en qué piso vivía: sus respectivos balcones se contemplaban día y noche, a sendos lados de la calle y escasos metros de distancia. Empezó a pensar en adoptar la costumbre de salir al balcón, al atardecer, para observar sus dominios, su habitación, su vida. Y tras un par de días de pagarle el autobús, supo su nombre. A solas, ante el montón de rayas verdes de su diario de pasión, repetía incansablemente el nombre milagroso, reconocía que le parecía el más bonito del mundo y le hacía juramentos de eterno amor: en ocasiones se desesperaba porque la única realidad que disponía de su amada eran unos meros garabatos escritos sobre el papel. Entonces, esperaba con ansiedad que llegase el día siguiente para volver a encontrar a su deseo en carne y hueso y poder decirle su nombre como quien no quiere la cosa, distraídamente, mientras reclamaba su atención sobre cualquier tontería. Sabía que, cuando lo pronunciaba, la boca se le llenaba de miel y estaba ansioso por recuperar cuanto antes este placer inocente.

Su política, al principio, consistía en hacerle hablar, en ayudarla a que se habituase a él, que le viese como una constante de su vida, hasta que descubrió que debía añadir algunos elementos a su relación si quería hacerla progresar. Llevaba unas cuantas noches reflexionando acerca de la manera de romper el círculo viciado de la mezquina relación del autobús. Dándole vueltas al problema, descubrió una posible solución: no se atrevió a exponerla de repente, tal vez por timidez, tal vez por prudencia. En el fondo de su corazón, sentía un miedo infinito a recibir calabazas, tanto por lo que podía tener de humillante como por el peligro que podía representar de cara a la continuidad de sus contactos.

Un día, sin embargo, se decidió y le propuso llevarla al cine cuando quisiera. Vencida una resistencia convencional, no tardó en ceder. Decidieron que sería un jueves, que no diría nada a los suyos —los secretos son secretos hasta el final—, y así podía quedarse con el dinero de casa. Durante un par de días discutieron acerca de la película y llegaron a un acuerdo.

Pasó la noche del miércoles prácticamente sin dormir, pensando que la vería y charlaría con ella lejos del autobús. La noche del jueves escribía transportado: «Horrible, terrible, maravilloso. Hemos ido al cine. Me salto los detalles. Yo estaba en las nubes. La he invitado a altramuces y me he sentido como un niño. No se ha hecho extraña. Me he estado frenando todo el tiempo. La película le ha gustado mucho, sobre todo porque dice que sus padres no la habrían dejado ir a verla. Otro secreto a compartir. Estaba tan contenta que, al salir, me ha dado un beso en la mejilla, así, como suena. Me he quedado tan de piedra que no he sabido reaccionar. Observación: es más atrevida de lo que suponía. Es evidente que le caigo simpático. Con el recuerdo del calor furtivo de sus labios en la mejilla puedo tirar un par de meses. ¡Te lo juro, Ana, qué nombre más bonito el tuyo! Ana, te quiero, y tú aún no lo sabes. Ana. Ana. ¡ANA!».

La euforia quedó brutalmente truncada. El primer atardecer en que salió al balcón con la esperanza de imaginarse cómo podía ser el dormitorio de Ana, le bastó con media horita para que le gotease la nariz. Al atardecer siguiente, se abrió cuanto pudo, pero ya había pillado unas anginas. Mientras le preparaba una tisana, su mujer rezongaba «¡vaya manía te ha entrado de tomar el fresco con este tiempo!». Con ganas o sin ellas, tuvo que quedarse dos o tres días en cama. Entonces, empezaron las preocupaciones, la evidencia fatal: un cuerpo que no le respondía, un cuerpo que pedía recambio y que iba rezagándose respecto a un espíritu cada vez más joven. Y por primera vez pensó que todo aquello era una locura. ¿Cómo podía fijarse en él aquella flor en forma de niña? ¿No era suicida proseguir la batalla con unas armas tan pobres? ¿Empezar?

Por una parte veía que su carrera era irrefrenable, pero por otra reconocía que con su motor no podía correr a la velocidad anhelada. Cuando se sintió mejor, se encerró en el cuarto de baño y se desnudó ante el espejo. La primera impresión desesperada era que no había por qué desesperarse; en líneas generales, se mantenía bastante joven. Pero lozano, lo que se dice lozano... Entonces empezaban los motivos de desaliento: los detalles. La piel seca, arrugada en muchos lugares y con manchas incontroladas. Barriga, no, siempre había sido una espingarda. El pelo, escaso. Se consolaba diciéndose que hay quienes mantienen que la calva puede resultar interesante. Lo que más le desanimaba eran las manos. Unos rastrojos secos y temblorosos. Y recordaba las palmas frescas de Ana, inquietas como pájaros. Desesperado, pensó en la posibilidad de tomar unas sesiones de estética corporal, pero lo descartó, porque ni el bolsillo ni el orgullo se lo permitían. Pasó horas en la cama apesadumbrado por la evidencia. Recordaba que, cuando se casó su hija, vivió la sensación de que le echaban una barbaridad de años encima. Pero entonces supo tomárselo con filosofía; no en vano no estaba enamorado. Y en aquel tiempo, la ausencia de la hija, notar el piso más vacío, le distrajo extremadamente. Cuando les anunciaron con la ilusión en los ojos que esperaban un hijo, la noticia más bien le abrumó. El embarazo de la hija se había convertido en el único tema de conversación para su mujer, y ahora, con los pensamientos que le acosaban, tenía la sensación de que todos estaban empeñados en obligarle a que se entrenase de abuelo. Y era la cosa que menos podía ilusionarle.

Una noche en que seguía convaleciente observó a su mujer, mientras se desnudaba. Lo hizo con mirada crítica y quedó satisfecho del resultado. Le superaba con creces: descubrió que a ella le sobraban carnes por todas partes. Había perdido la gracia de aquella moza de piel tersa que él enamoró a los veinte años. Y, sin embargo, no parecía quitarle el sueño. «Porque no está enamorada, claro», decidió dándose media vuelta y disponiéndose a dormir.

Pero aquella noche lloró. Llegó a pensar que su mano sobre el cuerpo de Ana sólo podría ofenderla. ¿Cómo iba a limitarse Ana a un cuerpo sin futuro? Y si bien ahora todavía podía ir tirando, ¿cómo sería al cabo de diez años? Estaría hecho un vejestorio. Lloró porque no podía detener el tiempo en su cuerpo y lloró porque el tiempo transformaría también a Ana, y, al cambiarla, destruiría su encanto. Soñó que le trasplantaban el cuerpo. Cuando despertó sólo recordaba que Ana sonreía y le decía con lágrimas en los ojos que le gustaba más tal como era de veras, no con el trasplante que lucía. Esta frase no le abandonó durante todo el día. Después de unos cuantos días sin tocar la libreta, aprovechando el momento en que su mujer estaba en el mercado, escribió cuatro líneas: «¡No es verdad, no es verdad! Todo el mundo tiene derecho al amor. Y yo igual que todos. Aunque sea viejo, estúpidamente viejo, si he hallado el amor tengo todo el derecho a no dejarlo pasar. Ana, te quiero. ¿Cuándo lo sabrás? Cuando esté totalmente restablecido, volveré a vigilarte desde el balcón, aunque se hunda el mundo. Ana, yo te vigilo, pero para que no te pase nada malo».

El primer día en que volvió al trabajo después del achuchón, no coincidió con Ana en el autobús. Eso le sacó de quicio. Al mediodía la vio en la puerta de su casa charlando con un chico. Estaba riendo. «¿Rivales? Es terrible. Soy demasiado viejo. ¿Pero qué le ve a ese mocoso, con la cara llena de granos, que no sabe dónde meter las manos?» Reía. Mejor dicho, reían los dos. Ella cogía los libros, los abrazaba. El cesto en bandolera. Hoy sí que llevaba calcetines blancos. «¿Qué ve en ese chico? ¿Se ha olvidado de mí? Claro, no tiene por qué recordarme; tal vez ni siquiera me quiere. Sí, me quiere, a su manera. En caso contrario, no se explicaría el beso que me dio al salir del cine. No lo sé. Yo sí que la quiero y todavía no lo sabe. ¿Acaso se lo puedo reprochar? ¿Estoy celoso? Está claro que sí.»

Pronto reanudaron la relación del autobús. Ella se alegró mucho de volver a verle y le preguntó qué le había pasado. Charlaban de muchas cosas, y él volvió a proponerle ir al cine para recuperar el tiempo perdido. En su presencia olvidaba por completo lo que le angustiaba por las noches: la facha de su cuerpo junto al cuerpo de Ana. Y para acabar de completarlo, no conseguía olvidar la risa cristalina de Ana delante de aquel chico. Sentía constantes celos de los muchachos que encontraba por la calle. Los consideraba, a todos en general, competidores desleales. Un día se soltó y, como quien no quiere la cosa, le preguntó si tenía muchos amigos. Ella contestó vagamente que sí, en la escuela y por ahí. Él, sin embargo, le obligó a concretar, y eso la desconcertó. Durante unos instantes pensó que aquel juego era peligroso, porque era capaz de hacer un disparate sin darse cuenta. Así que concentró todas sus fuerzas en alejar los celos que le carcomían. Pero no era tan fácil. Decidió, pues, que la única manera de conseguirlo era poniendo las cartas boca arriba, los cojones sobre el mostrador, y lanzarse de una vez por todas.

Buscaba, pues, un plan de ataque definitivo, y la imaginación empezó a trabajar febrilmente; componía, con ayuda de esquemas, excursiones arriesgadas y proyectos demenciales, hasta que un día anunció a su mujer que estaba dispuesto a hacer horas extras porque se lo habían pedido en la oficina. Hubo sus más y sus menos, porque ella opinaba, cargada de razón y de racional indignación, que no les hacían ninguna falta las horas extraordinarias, especialmente estando como estaba a dos pasos de la jubilación. Como no tenía nada que oponer a esos argumentos contundentes, por primera vez en su vida decidió contradecir abiertamente a su mujer y anunció solemnemente que a partir del próximo mes llegaría más tarde a casa.

2

Ya tengo el piso. Amueblado y desvencijado, pero barato y para mí solo. He trasladado a él todo lo preciso. Mi mujer ha lanzado un suspiro de alivio cuando he hecho desaparecer unos trastos que llevaba años sin usar. Ni siquiera me ha pedido explicaciones. Está demasiado excitada: mi hija está a punto de parir. Por eso no me apena Carmen. Tiene más que suficiente con la ilusión del nieto. Supongo que le gustaría tener cincuenta.

Mañana empiezo oficialmente a hacer horas extras por la tarde. No sé cómo justificaré unas horas que no lucirán a final de mes. En cualquier caso, para que acabe el mes faltan treinta días: toda una vida. Ana, estoy buscándote, toda entera para mí; mientras tanto, te vas con los chicos y me olvidas. O eso creo. Y seguirás creciendo, empezarán a hinchársete los pechos y la pelusa del vientre se te espesará, Ana, poco a poco, sin que te des cuenta; y te irás haciendo una mujer y perderás la gracia que ahora tienes. Te sacarás los calcetines, quizá te pondrás medias: no, Ana, no lo hagas: es la manera de perderte para siempre. Ahora me quieres porque te pago el autobús y te llevo al cine. Te he llevado varias veces, y en cada ocasión a la salida me besas; yo ya lo espero y tú también lo sabes. Ana, tú y yo tenemos muchos secretos; no podemos romperlos sin más, porque me quieres, de una manera extraña, pero no importa. Ana, nunca te he dicho que me asusta hacerme viejo; bueno, hacerme más viejo. Sí, me asusta, pero me asusta sobre todo porque significará que tú también te irás haciendo vieja, te crecerán los pechos, Ana, y te vendrá la regla, te maquillarás, tal vez, e irás perdiendo todo lo que ahora tienes el halo de belleza gratuita y perfecta que te rodea. ¿Por qué no detienes el tiempo? Lo he pensado mucho, Ana, y estoy resuelto a detener el tiempo para ti, a congelar tu belleza para que sea eterna. Y, ni corto ni perezoso, una tarde le propuso acompañarlo a una casa que él conocía, en lugar de ir al cine. No le pareció del todo mal, seguramente porque sentía una tremenda curiosidad, y la llevó al piso, «hala, come un poquito», ya tenía la mesa puesta, y ella dijo «¿de quién es esta casa?», y él, «es mía, y no te preocupes por lo que yo vaya haciendo», y cargó la cámara, y ella le contemplaba sorprendida, miraba el aparato con cierta aprensión, pero seguía comiendo y lo miraba, le sonreía, y él le repetía «tú tranquila, como si yo no estuviese, ya verás qué juego más bonito», y antes de que ella se lo esperase, disparó una vez, dos, tres, cuatro, se le acercaba, cinco, seis, siete, ocho, ahora se alejaba por una esquina sin dejar de apuntar, nueve, diez, once, enloquecido con la vena de la garganta hinchada, y ella sonreía, «¿es fotógrafo?», y él «¡así, así! Habla, di cosas, acércate poco a poco, aproxima la mano hacia mí, así», y tuvo que detenerse desesperado, porque se le había acabado el rollo, «aguarda un momento, en seguida pongo otro», y gastó cuatro rollos con Ana comiendo, Ana hablando, Ana gritando, Ana diciendo «¡basta, basta, que me mareo!», la cara de Ana, la cara y el cuello, Ana entera, las piernas de Ana, sus calcetines blancos, y se sentaba satisfecho, «ya verás, Ana, qué bonitas, mañana podrás verlas» y ella palmoteó y él escribía al anochecer «saltaba como una niña; vaya, qué burro soy, como una niña, claro. Le hace una ilusión loca que la retraten», y pasó la noche en blanco, revelando, ampliando y retocando, y de madrugada corría por el piso preparándo todo, y quedaron en que ella diría en casa que tenía que quedarse en la escuela para terminar unas cosas, y él ya no fue a trabajar ni se presentó en casa, porque ya no hacía falta, porque el impulso final ya estaba dado y sólo había que dejarse llevar por la inercia enloquecedora, y a las seis en punto Ana llamaba ilusionada por ver las fotos y él ya la esperaba junto a la puerta, «pasa, Ana», y la besó imprudentemente, pero ella estaba demasiado interesada en ver las fotos y se quedó inmóvil, en el centro del comedor, no quedaban paredes, todo era Ana; fragmentos de Ana, una boca enorme, entreabierta, mostrando unos dientes blanquísimos, perfectos, una nariz anhelante, un rostro, dos, tres, cien, Ana multiplicada por las paredes, y se apoyó en la mesa mareada, y él la observaba detenidamente y por detrás, a traición, disparó, dos, diez, veinte veces, y le dijo «ahora has de hacerlo, Ana, eres la cosa más bonita del mundo y has de hacerlo, hala, desnúdate», y ella se asustó y rompió a llorar y él gritaba y no paraba de disparar, «¡has de hacerlo!», Ana, llorando, una lágrima de Ana en la mejilla, y dejó la cámara a un lado e intentó sacarle la blusa, «Ana, hazlo tú», será mejor, y ella estaba tan asustada que no podía reaccionar y empezaba a desnudarse por inercia, mirando llorosa el objetivo, «¡no te saques los calcetines!», gritaba. «¡Paséate, Ana, bonita!», y ella paseaba como un autómata, «ahora sácate los calcetines», y él seguía disparando, y el destello del flash la cegaba y parecía que bailaba una danza a su ritmo, «¡Ana, qué bien lo haces!», y acercó el objetivo a la pelusilla del vientre y gritaba con voz ronca, «abre las piernecitas que quiero verte la flor», y el objetivo se acercaba tanto al pubis que Ana sintió el frío contacto del cristal y lanzó un chillido y con las manos apartaba la cámara y caía al suelo temblando, espatarrada, y él lo aprovechaba, dos, tres fotos desde muy cerca, y el chillido se había convertido en un gimoteo desconcertado, a media voz, y él se sentía más seguro de todo y con una mano se desabrochó los pantalones que se deslizaron pierna abajo, y ella vio unos calzoncillos arrugados con un bulto inmenso delante y pese a llorar no podía apartar la mirada de allí, y él dijo «ahora bájamelos, que te enseñaré una cosa muy bonita que no has visto nunca» y ella retrocedía, arrastrándose por el suelo, y chocaba con la pared, «deliciosa, Ana», una, dos, tres, cuatro fotos en aquella posición, y tuvo que ser él a la postre quien se bajara los calzoncillos y avanzara a pasitos cortos todo lo que podían dar de sí los pantalones, y era incapaz de darse cuenta de su imagen grotesca, el objetivo y el falo erecto y colorado apuntando a la niña, y la tenía muy cerca y le decía «tócame, reina», y ella se veía acorralada y le cogió el pene erecto y él una, dos, tres, cuatro, cinco fotos en contrapicado, y murmuraba «la punta de la minina, reina, tócala», y ella, con los ojos abiertos de par en par, había interrumpido su gimoteo y respiraba fatigosamente, hipnotizada por la visión apocalíptica que tenía a dos palmos de la nariz, y la bolsa peluda que tenía en frente le parecía horrorosamente repulsiva, era como si respirara al mismo ritmo que su amo, y veía que del agujero del pene empezaba a brotar un jugo lento y volvió a chillar, y él reía, «no te asustes, Ana, porque yo te quiero, y ya que tú no quieres, no quiero obligarte, ya lo haré yo», y abandonando la cámara intentó agacharse para acercar la boca a la tierna vulva, y el esfuerzo de encogerse le congestionaba el rostro, y, cuando estaba a pocos centímetros de Ana inmóvil, notó un crujido en los riñones y dijo «ay», y se dejó caer de lado, y para disimular el fracaso se echaba a reír y decía «¿verdad que es muy bonito jugar juntos?», y dirigía la cabeza hacia Ana, y ella le miraba desde la profundidad de su miedo sin decir nada, y desvió los ojos hacia el pene del hombre que empezaba a rendirse derrengado por el esfuerzo, y bastó aquella mirada furtiva para que se sintiera totalmente avergonzado del fracaso de su cuerpo, y ella en vez de reír volvía a llorar y decía «quiero irme» y él decía «levántate y haz lo que te parezca», con un tono herido. «Hala, levántate», y ella empezaba a buscar la ropa esparcida por el suelo y se vestía en silencio, hipando y suspirando de vez en cuando, de espaldas, y él lo aprovechaba para ponerse rápidamente calzoncillos y pantalones, humillado, y para quedar bien le quiso ayudar, «déjame ponerte los calcetines», y le besó los pies, y le besó el pecho levísimamente abombado, y ella quería soltarse y él la dejó, «no te asustes, Ana, no te tocaré más, no te haré ningún daño, porque te quiero demasiado», y ella lloraba asustada y decía «quiero irme» y él le dijo «vete, Ana, ya ves que no te hago nada, no lo olvides», y la acompañó, ambos en silencio, hasta las cercanías de su casa, y le dijo al oído «no cuentes nada, ¿eh?, es un secreto», y le daba una foto de su cara, «toma, para ti, y no pienses más en esto, y sobre todo no digas nada, porque te podría pasar algo muy malo», y era la primera vez que la amenazaba y el estómago le dio un salto, «¡pobre niña!», y Ana, aturdida, afirmó que sí, el miedo en los ojos, que no diría nada, y él regresó rápidamente al piso, convencido de que tenía que ganarle la carrera al tiempo, porque Ana hablaría de un momento a otro o se lo adivinarían, y pasó otra noche en blanco, «ahora da igual, ya está desatada la furia y estoy aprovechando el último minuto feliz», y al cabo de pocas horas empapelaba un par de habitaciones con ampliaciones del cuerpo desnudo de Ana llorosa y asustada, de Ana abriendo la boca, de Ana acariciándole el miembro, y cuando terminó la tarea cayó de bruces, «Ana, siempre serás para mí; Ana, nunca crecerás, ¡totalmente mía, Ana!», y bastaba la certeza de su posesión para enardecerle y empezó a quitarse la ropa y notaba un rejuvenecimiento en el cuerpo como el de pocas horas antes, «¡Ana, te quiero, eres mía para siempre, y de nadie más! ¡Eres eterna, Ana!», y empezaba a acariciarse y murmuraba «muy bien, Ana, la punta de la minina, ¡qué bien lo haces, Ana!», y se acercaba el glande a la boca entreabierta de Ana y se frotaba contra la pared, «Ana, del todo mía», y paulatinamente alcanzaba el paroxismo total, absoluto, pero veloz como un rayo, como llevaba años sin sentir, sí, Ana, al fin poseía algo que sólo era suyo, sin interferencias ni temores, Ana ya no lloraba ni estaba asustada, Ana, sin exigencias, así, Ana, sin prisas, no hay motivo para preocuparse porque ya no dirás nada, ¿verdad que me quieres, Ana?», y no oyó el seco ruido del timbre, porque de tan feliz que se sentía había roto a llorar.

Una pometa té el pomer,
d'una, una, d'una, una,
una pometa té el pomer.
d'una, una, va caient:

LAS TRES SEÑALES

I

Los andenes del metro atestados. El calor pegajoso que sube de las vías, escala las paredes de azulejos, trepa hasta la bóveda negruzca de la estación.

Llega el metro.

Empujones como todos los días. Sudor de sobacos, flaccidez de culos que se te apoyan en el vientre. La señora con el cesto de la compra que se queja. Y aquella chica. La de las ocho y media. Acercarse a ella. ¿Usted baja? Disculpe. Hostia, ¿qué te has creído? Tal vez es rubia teñida. La media luna de sudor bajo el brazo. El vestido transparente. El calor de su cuerpo. La dureza de sus muslos. La redondez de la nalga. Y aquella sensación de mareo que nace de la entrepierna y que enturbia la mirada. Disimular, fingir que leo los anuncios. Aprovechar la inercia de un parón brusco. Percibir la piel caliente del brazo. Adelantar el cuerpo, en busca de la cadera. Cerrar los ojos.

Liceo, Atarazanas, Pueblo Seco. ¡Ahora...! La chica de las ocho y media ya ha bajado. El mimbre del cesto.

Eso de viajar como los topos no me mola, tronco. Bueno, depende. Cuando un virgo te pone los tejos, no cambiaría el metro por una carroza con un negro que me abanicara. Y la fulana se lo estaba buscando. ¡Cuidado, monumento, que si me embalo te la endiño! Oh, y ella como si nada, tío. Pensé que quizás era una puta. No le acababa de perfilar el género, mira por dónde. Y ahora corren unas furcias de metro que te hacen un juego de manos y te aligeran los bajos entre Liceo y el Seco que te dejan ídem de ídem. No, aquélla sólo llevaba la piel y el tergal. ¡Si hasta enseñaba las transparencias del chocho, la muy guarra! Me aposenté bien. Para empezar le pasé el nabo por la ranura. Y ella, nasti de plasti, como una estatua. ¡Y aquellos pezoncitos! Después, va y le meto el palo y la jai se me echa a temblar, chaval. ¡Aquello era un número! Qué digo un número, lo que era era el Banco de España. De repente, noto que me tientan los bajos. Yo me pongo a huevo, a ver qué pasa. ¡Y pasó, tú! Por ésas. La moza hizo funcionar la cremallera y por poco me engancha las pelotas. Ya me la tienes explorándome los calzoncillos con unos dátiles que parecían de manteca de cacao. Yo iba más quemado que una colilla de celtas cortos. Y ella venga a removerme los colgantes. La chorra se me hinchó como un globo de verbena. Y la gachó, sin abrir la boca, trabajando el cigüeñal. No te creas que yo me estaba quieto, ¡no te jode! Parecía un pulpo, buscándole el filete. Tenía la entrepierna más húmeda que un chiclé en una escuela de barrio, y la humedad le chorreaba muslo abajo, mientras yo, sin decir esta boca es mía, le endiñaba el berbiquí agujero adentro, a ver si encontraba petróleo. ¡Con las sacudidas que daba el vagón, le llegué hasta la matriz! Suerte del mogollón de gente, que si no habríamos apagado las luces con los suspiros que lanzábamos los dos. La tipa temblaba como un flan chino el Mandarín y no paraba de tocarme la zambomba, que se le debían hacer callos. Y yo me entretenía numerándole uno a uno los pelos del chumino que, de tan pegajosos, parecían cabello de ángel. Y en éstas, este cura va y se corre, macho. ¡Nos ha jodido mayo con sus flores! Tenía la punta del nabo más colorada que el culo de un niño de teta, y ya no pude aguantar más. Aquello fue el cagarse, tío. ¡Me subió una lechada que ni una fábrica suiza de quesos! A primera vista parecía las fuentes de Montjuich. Sólo faltaban las luces del Buïgues.

¡Tenías que haberlo visto! Como que la sisa de los pantalones me echaba el pelotamen hacia arriba, subió como un cohete. Uno que no tenía ni un pelo de tonto se quedó con el coco más nevado que la Pica d'Estats después de una ventisca. Salpiqué a un ama de casa, a un peón de la construcción y a un municipal que chorreaba por los bigotes, como si se hubiese chupado un bote de la Lechera. Me quedé más exprimido que un limón en un hospital de tísicos. Y entonces se montó un cristo de tres pares de narices. El peón, que se asfixiaba con los tufos del juguillo que le embadurnaba la napia, tiró de la alarma y el metro se paró en seco. El ama de casa se jumeó el dedo y dijo: «¡Oh, eso lo conozco yo!». Todo el mundo piaba como si se le hubiese reventado la tripa de la mierda. Menda que se sube la cremallera, y se hace el longuis, no fuese que me soltasen una hostia que me dejase más capón que un buey de arado... Pero me pillé el borde de la longaniza y ya me tienes pegando unos saltos que parecía que punteaba la Santa Espina... ¡La monda, chaval! El guri de los mostachos quería llevarme al talego por atentado a la moral, y el peón empeñado en aplaudirme el belfo y el ama de casa en que la acompañase a la ídem, para hacerme una tacita de agua de azahar con un chorrito de agua del carmen que resucita a un muerto. Total, tú, un cristo. Me bajé en la parada de Pueblo Seco más jodido que una comadreja en un regimiento de cipayos.

¿La zorra? Tranquila, tío. Como si no se hubiese enterado de la película, más fresca que una rosa.

2

La condenada escalera, desconchada, sucia, con aquel olor a orines. Y el temblor de las piernas, el dolor de los testículos, el pánico. Las nueve y cinco e igual el señor Puig ya ha llegado. La puerta de cristal, llena de dedos. Las cagarrutas de mosca en el neón. El olor de tinta, de papel impreso. ¡Menos mal!, el amo no está. Sacarse la chaqueta, sentarse en la mesa, desordenar unos cuantos papeles para simular que llevas rato trabajando. ¿Y las mozas? ¿No han llegado? ¡Vaya jeta que tienen!

Ahora entran. Ana, con unos tejanos que le aprietan el vientre y le marcan los labios del sexo. Isabel, que hoy lleva un vestido blanco y transparente que deja ver las raquíticas bragas que se le pegan como pueden al pubis. Entran riendo. Riéndose de ti. Como siempre. Roces sin importancia cuando se acercan a darte un papel. Y aquella provocación constante de los cuerpos que sólo buscan la diversión de ver en tus ojos la impotencia y el deseo. Hasta que llega el señor Puig, te llama a su despacho y has de pasarte toda la mañana corrigiendo las galeradas de una nueva versión del Kempis.

Yo no sé qué pasó, chaval, pero aquel par de zorras que tengo en el curro estaban salidas. ¿Te imaginas que te vengan un par de gilipollas de vía estrecha y se te ponga delante haciendo monadas? Una se llama Ana, y es más larga que un día sin pan, con unos pitones de aquellos que si te arrimas te ensartan como un pincho moruno. La otra se llama Isabel y es más bien menuda, pero con todo lo necesario. Tiene una popa de portaaviones, pero más blanda que un polvorón mojado en café con leche. Y todos íbamos más quemados que las hogueras de sanjuán. Ana llevaba unas fundas de muslamen que estallaban por las costuras. Y lucía un paquete que parecía un torero. Yo que me acerco, alargo el dátil y la toco: «¿Qué, hoy llevas el Evax?», le pregunto. Y ella me suelta la carcajada. «No, ¡pero me gustaría ponerme un támpax de morcilla!», me contesta la mala puta. A decir verdad, me quedé tieso. «¡Ele, sigue con el masaje que me gusta el tacto!», me desafió. «Pero me sobran los Levis», le suelto. Y la piculina va y se los quita. Así, como quien no hace nada. Tú, y debajo no llevaba nada. «Sácate también la zamarra, moza, que haremos un dominó», le digo yo. Y ya me la tienes más en pelotas que el día en que su madre la parió. Todo lo que te he dicho antes y más... Larga, sí, pero redonda como la O. Y tierna como un solomillo de ternera del Agut de Avinyó. Con salsa y todo, no te creas. Porque le metí mano en los bajos y ya chorreaba como un surtidor. Yo perdí el mundo de vista. Me amorré al pilón y con la sin hueso le hacía unos juegos de campanilla que la moza se volvía más loca que la Juana aquélla. Sólo me faltaba un vermut dulce, porque la almeja estaba saladita y picante como a mí me gusta. Estaba la tira de animado con los lengüetazos en la entrepierna cuando noto de repente que me soban el cinturón. Me doy la vuelta, con los morros pringados, y me veo a la Isabel con cara de ternera que llevan al toro que me busca las cosquillas por abajo. Yo, tranquilo, de nuevo al corteinglés de Ana y, para no caerme, me agarro de patas al tetamen, sobándole los ganglios. Isabel me baja los pantalones, me rompe los calzoncillos y se entretiene como una loba en sobarme el asta de la jodienda que se me ha puesto más dura que una losa de la plaza del Pino. ¡Hostias, Pedrín, qué shou! Ana espatarrada frente a mí, en cueros, la cabeza hacia atrás y gimiendo como si le doliesen las muelas. Yo, a cuatro patas, amorrado al caño, y la Isabel tirada por el suelo chupando de plátano.

¡Y claro! Estábamos tan ricamente con aquella santa inocencia que ni nos dimos cuenta de que llegaba el burgués. El jefe, ya me entiendes. Yo no sé qué debía imaginarse el muy cerdo, pero soltó un bramido de aquellos de sargento de guiris en una mani de cocos. Nos quedamos más tiesos que un bacalao. Menda lerenda, con toda la jalea real que me llenaba la mui y casi no me dejaba hablar, se gira y le dice: «¡Hala, Puig, venga y le tocaremos el somatén, que hoy las nenas van de bólido y piden guerra!». El amo, más colorado que la punta de una haba filatélica, ni abría boca. La Isabel, que ya se veía cobrando en la Vía Layetana la sopaboba aquella de la caridad del ministerio, se levantó de repente, se acabó de sacar los trapos que llevaba encima y se abalanzó sobre el burgués. El hombre, para no caerse, se le agarraba al mostrador, mientras la mosquita muerta le abre la bragueta y le saca el farmacéutico a tomar el fresco. Era un guiñapo de risa, de un color de ala de mosca que daba bascas. ¡Pero, joder, tú! Se le hinchó, y al poco parecía un chorizo revilla. Y la Isabel, venga a tocar diana, hasta que el Puig, colorado como un perdigote, le soltó una andanada de trabuco que la dejó atragantada, ¡pobre tía! Yo, que ya venía tocado del metro, me corrí como una esponja en una casa de putas. Y entonces, macho, las valquirias tocaron a rebato y nos pidieron, al burgués y al nene, que les llenásemos la matriz. Oye, que no sirvieron de nada las excusas. Tuvimos que currar como nunca en la vida, pero quedamos como unos hombrecitos.

Menos mal que llegó el cartero, un charnego enclenque y pasmao, a traernos la correspondencia y se añadió al maremágnum y nos echó una mano, que si no, ¡todavía seguiríamos allí!

3

La soledad se pega a los muebles viejos, sacados de cualquier ropavejero. Los libros polvorosos se ríen de ti y de tu obsesión. Te sube un pequeño eructo de bocadillo mohoso y de gases de cerveza desbravada. Intentas escribir a máquina, pero las letras te bailan y se te va la cabeza. Una noche entera, con el aburrimiento, y los trinos del canario que se ha terminado el mijo y pide más. ¡Si tuvieses la suerte de que llegase alguien! Pero sabes que no, que tendrás que pasártela más solo que la una, con la historia a medio escribir, sin ánimos de continuarla. Es mucho dinero, pero tú no naciste con la flor en el culo y no ganarás. ¡Te las prometías muy felices con eso de la pluma! Y mírate: corrigiéndole el catalán al Kempis y seco de ideas. No merece la pena matarse. Los hay que tienen suerte, escriben un libro y se lo publican y salen en el periódico, y ganan dinero, y conocen tías sensacionales en el metro, y ligan con las compañeras de trabajo y...

Llaman.

¡Ahora no, por favor! Pero es inútil. Ya los tienes metidos en el piso. ¡Y te contarán sus penas y te obligarán a acostarte tarde y no podrás acabar el libro y no ganarás el premio y mañana el señor Puig te pondrá mala cara porque has dejado el acento de *día,* estos linotipistas, y, además, se te fumarán el tabaco, se te beberán la coca-cola que tienes en la nevera y te dejarán el estudio hecho una mierda!

¡Pues, sí, chaval! Estaba en mi guarida metido en un rollo de lo más guapo cuando apareció la basca. «¿Tienes mierda?», me pregunta Rosa, de buenas a primeras. «No, chata, ni para un porro.» «Pues nosotros sí, ¿no te jode?», dice Pepe, que ya iba un poco pirado y ponía ojos de mamón. «¡Y de la buena!», exclama Eulalia, empujándome hacia dentro.

Nos lo montamos rápidamente. Colchones por el suelo, luces hacia el techo, el jonivolquer al alcance de la mano y un puñadito de mierda por cápita, a ver si nos poníamos morados. Rosa, que no se anda con chiquitas, se queda en pelotas en un decir jesús. «¡Ya sabes que a mí me pilla la jodienda y mejor estar a punto!» Eulalia se cabreó. «Y yo que tengo la visita, ¿qué debo hacer?» «¡No te preocupes, chati, lo untaremos con sangre y cebolla, que a mí me encanta!» «¡Coño, no seas marrano, Pepe, que una ha ido a las monjas y estas cosas no se dicen!», le replicó Eulalia. Pero, por si acaso, ya me la tienes también en pelotita viva, con el hilillo del támpax asomándole entre las piernas.

El fumete ya estaba a punto. Liamos el canuto, le pegamos fuego y de madrid al cielo que la pintan calva. A mí, que soy un tío de cuidado, la mierda me pone más contento que un gato con un pedazo de bacalao. «Tengo las pelotas secas, nenas, pero ya sabéis que el español donde no llega con la punta del nabo, mete la lengua y andando que es gerundio.» «¿Qué, has ido hoy de bureo, chorbo?», me pregunta la Rosa. «¡Toma castaña, tía! De mañana, cuando el alba, una chorba me ha hecho en el metro un juego de manos que me ha dejado más seco que una casera en un colegio de párvulos. Después, en el despacho, las panolis que curran con menda, han qurido saber de qué color la tenía el nene y ¡al salón, chicas, que hay marineros! Y ahora...» «¡No me lo cuentes, que me pongo cachonda!», exclama Eulalia. Y, cariñosa ella, me hurga el vademécum.

Todo fue una, tío. Pepe, que llevaba días sin comerse un rosco, se anima y agarra a la Rosa por los pelos del papo y le mete un repaso de aquellos de aquí te espero. La chica arma la de Dios es Cristo y se espatarra. La otra, por no ser menos se agacha, tira del hilito del támpax y lo deja encima de un cenicero. «¡Métemela aquí que no hay bolsillos, macizo!», me reclama con urgencia. Y yo, que tengo vocación de enfermero, se la tapo que no se resfríe.

Aquello fue Troya, chacho. Cuando la saqué de la raja de la Eulalia la tenía color rosa, y un moquito de sangre me chorreaba por la punta del capullo. Y va Pepe y dice: «¿A qué sabe la menstru?». Y el muy mariconazo se pone a chupar del cipote. Primero me dio un no sé qué... pero el andoba era un águila en eso de tocar la cornamusa, y, como la Rosa se me había echado encima y me daba el pecho como una niñera, yo tranquilo, cheli. La Eulalia, que no sabe estarse quieta, le jumeaba el ojete a Pepe, como si quisiera cortarle los pelos del culo, y en aquel tumach de pechos, culos, coños y pollas, porradísimos, más calientes que las castañas al día de todoslossantos, pasamos la noche en santa compañía.

¿Qué?

Sí, tú, a la mañana siguiente aquello parecía

una historia de carniceros, de aquellas del conde drácula. ¡Sangre, sudor y leche por todas partes! Y ahora disculpa, chaval, pero tengo que dejarte, que quiero acabar el libro, a ver si gano la pasta del premio y puedo ir de putas, que ando más caliente que un gallo en una jaula de conejos.

¡Agur, chau!

¡SIN MANZANITAS SE QUEDÓ EL MANZANO!

ÍNDICE

La perra 9
Chop-suey 17
Teresita-que-hacía-funcionar-la-vietnamita 39
Los pantalones 51
Afrodisíaca bandera 79
Una perrita caniche 87
Eros, acimut tres 97
El matasuegras 109
Crepuscular 119
Las tres señales 145

Título de la edición original: *Deu pometes té el pomer*
Traducción del catalán: Joaquim Jordà
Ilustración: *Thalia*, de Paul Wunderlich,
cedida por cortesía del autor.
Diseño de la colección: Norbert Denkel

Círculo de Lectores, S.A.
Valencia 344, 08009 Barcelona
3 5 7 9 1 9 0 2 8 6 4 2

Licencia editorial para Círculo de Lectores
por cortesía de Tusquets Editores, S.A.
Está prohibida la venta de este libro a personas
que no pertenezcan a Círculo de Lectores.

Depósito legal: B. 102-1991
Fotocomposición: FOINSA, Barcelona
Impresión y encuadernación:
Printer industria gráfica, s.a.
N. II, Cuatro caminos, s/n
08620 Sant Vicenç dels Horts
Barcelona, 1991
Printed in Spain
ISBN: 84-226-3323-X
N.° 35782